怎样踢足球

主　编：麻雪田　何　旭

副主编：王　政　王文军

陈亚中　王　剑

苏州大学出版社

图书在版编目(CIP)数据

怎样踢足球/麻雪田,何旭主编.—苏州:苏州大学出版社,1996.10(2011.11重印)

ISBN 978-7-81037-254-1

Ⅰ.怎… Ⅱ.①麻…②何… Ⅲ.足球运动-基本知识 Ⅳ.G843

中国版本图书馆CIP数据核字(2006)第116971号

怎样踢足球

麻雪田 何 旭 主编

责任编辑 朱坤泉

苏州大学出版社出版发行

(地址:苏州市十梓街1号 邮编:215006)

丹阳市教育印刷厂印装

(地址:丹阳市西门外 邮编:212300)

开本850mm×1 168mm 1/32 印张8 字数200千

1995年10月第1版 2011年11月第8次印刷

ISBN 978-7-81037-254-1 定价:11.00元

苏州大学版图书若有印装错误,本社负责调换

苏州大学出版社营销部 电话:0512-65225020

苏州大学出版社网址 http://www.sudapress.com

出版者的话

我国的全民健身活动，自1995年国家制定和颁布《全民健身计划纲要》以来，已成为由政府倡导、社会支持和全民参与的一项有目标、有任务、有措施的宏伟工程。这项工程的有效实施，首先需要大力宣传全民健身计划对提高中华民族素质和促进我国社会主义现代化建设的深远意义，提高全体国民的健身意识，转变"无病即健康"等旧观念，树立科学的健身、健康理念。其次，全民健身活动的实践需要知识的推广、方法的指导和理论的推介。因此，必须强化健身知识、健身方法和健身习惯等方面的教育，使全民健身活动得以健康、广泛、持久地开展。

为了宣传和促进全民健身，我社曾策划并组织出版了"全民健身活动知识丛书"，向读者提供系统实用的体育知识和健身方法，内容涵盖球类运动、武术、器械、健美操、健身跑、体育游戏等各个方面。丛书推出后获得了广大读者的好评，取得了良好的社会效益。

进入新世纪以来，随着经济社会的发展以及工作和生活节奏的加快，人们的健康意识在不断增强，健康观念在不断更新，健身运动日益丰富多彩。尤其是北京申奥成功和2008年奥运会在我国的举办，已经并将继续推动全民健身运动的健康发展，"全民健身与奥运同行"赋予全民健身活动以崭新的时代色彩。与此相适应，我们从已经出版的“全民健身活动知识丛书”中选取有广泛群众性和较高普及性的几大球类运动，组织作者作了全面增删修订，并增加了如高尔夫等新兴球类项目，力求融时代性、知识性和鉴赏性于一体，以期为推进新世纪的全民健身活动尽一份绵薄之力。

天下之要，人才而已。天生万物，惟人为贵。国家的兴旺发达，社会的文明进步，经济的发展繁荣，从根本上说都取决于全体国民素质的提高，而身体素质则是思想道德和科学文化等素质的物质载体。因此，全民健身活动不仅能使当代人受惠得益，而且将为培养下一代，为我们国家立身于世界先进民族之林打下坚实的基础。

苏州大学出版社

2006年10月

目录 ·怎样踢足球·

第一章　中国古代足球的起源与发展

第一节　足球起源于中国

2004年7月15日是一个值得纪念的日子。这一天，国际足联主席布拉特在北京展览馆举行的“第三届中国国际足球博览会”开幕式上宣布：世界足球起源于中国。其后，在国家体育总局文史工作委员会、中国足协、淄博市政府举行的新闻发布会上，亚足联秘书长维拉潘宣布中国淄博临淄是世界足球发源地。这是经过许多国内外学者从体育史学、历史学、考古学、齐文化研究等不同视角对足球起源探讨的结果。

当今世界上，足球运动是第一运动，无论男女老少，不分种族国度、地位高低，许多人都是足球运动的爱好者。人们不仅关注足球比赛以及相关产业的发展，也注重足球的发展历史。中国作为世界足球的发源地，其源头在哪里呢？目前存在三种说法，即黄帝时期说、殷商时期说、战国时期说。

黄帝时期说——足球运动在中国古代称“蹴鞠”。在1973年长沙三号西汉墓出土的帛书——《十六经·正乱》中有一段关于黄帝擒杀蚩尤后的记载：“黄帝身遇蚩尤，因而擒之。……剪其发而建之天，名曰之尤之旌。充其胃以为鞠，使人执之，多中者赏。”据有关专家研究，《十六经》作为《汉书·艺文志》中《黄帝四经》之一，写成于战国早中期。这段文字说明了早在战国早中期便有了蹴鞠起源于黄帝时代的说法。西汉刘向在《别录》中也说："蹴鞠者，传言黄帝所作，或曰起战国之时。记黄帝蹴鞠，兵势也，所以练武士，知有才也，今军事无事，得使蹴鞠，有书二十五篇。"

刘向之子刘歆在《七略》一书中也提到"蹴鞠者，传言黄帝所作"。另外在《轩辕黄帝传》中也谓"黄帝令作蹴鞠之戏，以练武士"。唐人蔡孚在《打球篇序》中说："打球者，往之蹴鞠古戏也，黄帝所作兵势以练武士。"宋人黄朝英在《靖康缃素杂记》中曰："此戏生于黄帝，蹴鞠意在军戎也。"明人陈继儒《太平清话》中道："蹋鞠起于轩后，军中练武之剧。"清人顾汧有诗说："吾闻黄帝开球场，貔貅习练都跳梁。"……上述资料都认为黄帝创造了蹴鞠以训练士兵。当然，这一说更多地是一种传言和推测。

殷商时期说——此说所依据的主要是殷商甲骨卜辞中的一条资料："庚寅卜、贞。呼□舞，从雨。"这条卜辞可以理解为：在庚寅这天占卜，预兆吉利。商王呼唤跳舞，舞罢，天就下雨了。

对"□"字的辨认有着不同的理解，有体育史学家认为"□"是由脚和球组合成的复合字，上面"○"表示球，下面表示两只脚，合在一起就是用脚踢球。而"□"与舞相结合，应当释为足球舞或鞠舞，并据此认为殷商时期已有了蹴鞠活动。

战国时期说——该说认为蹴鞠的起源地是战国时期齐国故都临淄，主要是依据《战国策·齐策》、《史记·苏秦列传》中记载内容和对临淄的大量考古观察而得出的结论。

从古文献的记载来看，最早见于《战国策·齐策》和《史记·苏秦列传》，实际上两书记载的是同一资料，说的是关于苏秦到齐国游说齐宣王联合抗秦，在齐国都城临淄所见所闻："临淄甚富而实，其民无不吹竽鼓瑟，弹琴击筑，斗鸡走犬，六博蹋鞠者。"反映了当时临淄广泛流行的蹴鞠等娱乐活动。

第二节 中国古代足球的发展

如前所述,根据《战国策·齐策》和《史记·苏秦列传》等资料的记述,远在战国时期,齐国都城临淄的蹴鞠活动已十分流行。汉代也是足球运动广泛开展的时期,在许多文献记载中,对足球的表述用词很多,如蹋鞠、蹹踘、蹴鞠、蹹鞠等多词并用,在《史记·卫将军骠骑传记》中也使用"蹋鞠"一词。还出现了专业著作《蹴鞠》,此书共25篇,是我国最早的一部蹴鞠专业书籍;李尤的《鞠城铭》中还写有专业的竞赛规则。在那个时候,蹴鞠更多地与军事训练结合在一起。

唐宋时期,蹴鞠得到空前的发展。一方面,在唐朝时踢法丰富多样,也就出现了很多名称,如白打、筑球、趯鞠、蹴球等。而宋朝的比赛用球较唐朝有了更大改进,参加比赛球员的分工明确,踢球技巧高超,出现了很多专门制作鞠的手工作坊和以蹴鞠为生的艺人,这在很多文学著作中都有记载。另一方面,出现了更为专业的蹴鞠书籍,现存的有南宋陈元靓的《事林广记·戊集》、汪云程编写的《蹴鞠图谱》(又名《打球仪》)、无名氏的《蹴鞠谱》等,其中都记述了当时都城临安(今浙江杭州)蹴鞠艺人的专门组织——圆社的有关情况,如组织竞赛,保护专业人员利益,宣传扩大影响,为蹴鞠人员评定等级等等,说明蹴鞠运动在规范化、组织化和科学化方面达到了较高水平。

元、明、清几代,蹴鞠运动起起落落。这一时期,随着民俗口语在文学作品中的运用,蹴鞠的异名就更多了,在《金瓶梅》中就有许多说法,如踢球、踢气球、踢行头、踢圆、圆情等。在明朝的朝廷宴会中取消了蹴鞠表演,这都预示着蹴鞠的社会地位在下降,开始走向衰败。清朝初期社会上还有蹴鞠活动的开展,一些书籍中还有描写，但是到了清中叶以后，各类书籍记载很少，这可能与清政府对汉民族的文化采取压制政策有关，使曾经兴盛一时的蹴鞠活动渐渐淡出了人们的生活。

需要特书一笔的是中国古代的女子蹴鞠运动。汉代就已有了女子蹴鞠，今存多块“女子蹴鞠”汉代石画像，画中有女子梳着高髻，挥舞长袖，姿态潇洒。唐代女蹴鞠伎人属教坊司管辖，因为教坊司是属于朝廷的编制，朝廷的宴会娱乐表演节目都由教坊司组织，能进入宫廷表演的女蹴鞠伎人不多。宫中还有供皇帝个人娱乐观赏的艺人组织——“内园”，内园中有许多专业伎人，供皇帝随时召唤表演，其中就有蹴鞠伎人。在王建《宫词》中有“寒食内人长白打”的记录，说明此时有女子“白打”活动，而白打是不用球门的踢法，可以是两人对踢，也可以两人以上至九人的轮踢。而且白打不需要太大的力量，重技巧的表演，这适合女子身体的特点，因此能够在妇女中广泛开展。

到了宋代，朝廷宴会上有蹴鞠表演节目，宫廷女子参加表演的人数很多，规模很大。

在元代杂剧和散曲中，有很多女子蹴鞠活动的描写。关汉卿的散曲《女校尉》、《女校尉又》中均有女子蹴鞠的描写，尤其是《女校尉又》中说：“……关白打官场小踢，竿网下世无双，全场儿占了第一。”是说在无球门的白打球场，有球门的竿网球场，女蹴鞠艺人都占第一，可以说是名声远扬。萨都剌的散曲套数《南吕·一枝花·妓女蹴鞠》也有写女子蹴鞠的情景：“红香衬霞，玉润钗横燕。……毕罢了歌舞花前宴，习学成齐云天下圆，受用尽绿窗前饭饱茶余，拣择下粉墙内花荫日转。”可见在当时蹴鞠成为女艺人的一艺，而女子蹴鞠和歌舞一样，都是宴会上的娱客节目。

第三节　国际足联对足球运动起源的认定

一、国际足联关于"足球运动起源于中国"的认定

早在1985年，当时的国际足联主席阿维兰热先生就在中国举办的首届"柯达杯"世界少年足球锦标赛开幕式上的致辞中提出，足球运动起源于中国，并且具有两千多年的历史。2000年12月25日，国际足联主席布拉特在伊朗举行的"文明杯"足球赛新闻发布会上说："足球起源于中国，并从那里传递给了埃及，而后又从埃及传到希腊、罗马、法国，最后才传到英国。"2001年，国际足联主席布拉特在亚洲足联举办的教练员训练班上所作的《国际足球发展史报告》中强调"足球发源于中国"。2004年2月4日，国际足联副秘书长热罗姆·项帕涅在国际足联百年庆典伦敦新闻发布会上说："虽然有不少国家都认为自己是足球运动的诞生地，但研究国际足球的历史学家有确切证据表明，足球最早起源于中国——中国古代的蹴鞠就是足球的起源。"2004年5月8日，国际足联主席布拉特前往吉隆坡参加亚洲足联成立50年庆典活动，在接见中国代表团时，明确表示足球运动起源于中国，并向中国足协颁发了"足球运动起源于中国"的象征性奖杯。

二、中国淄博临淄是世界足球发源地的认定

2004年6月9日至11日，在"足球起源于临淄专家论证会"上，36位来自国内体育史学界、考古学界、齐文化研究领域的专家学者和中国足协、国家体育总局文史工作委员会负责人，根据历史典籍、考古发现，对古代蹴鞠的起源、形成和发展进行了多方论证，

最终得出结论：中国古代蹴鞠起源于春秋战国时期的齐国都城——临淄。

2004年7月15日，在北京展览馆举行的“第三届中国国际足球博览会”开幕式上，国际足联主席布拉特宣布：世界足球起源于中国。开幕式后，国家体育总局文史工作委员会、中国足协、淄博市政府举行新闻发布会，亚足联秘书长维拉潘宣布中国淄博临淄是世界足球发源地，并向淄博市委副书记岳长志和副市长饶明忠颁发足球起源地证书和纪念奖杯；国家体育总局文史工作委员会主任袁大任、中国足协专职副主席张吉龙向临淄区委书记解维俊和临淄区区长唐福泉颁发了足球起源地证书和纪念奖杯。

第二章　现代足球运动的起源与发展

第一节　现代足球运动的诞生与国际足联的成立、发展

一、现代足球运动的诞生

1863 年 10 月 26 日，是世界足球史上具有重要意义的纪念日，11 个足球俱乐部代表在英国伦敦的皇后大街弗里马森旅馆召开会议，成立了英国足球协会。会上修改了剑桥大学规则，制定了足球比赛统一规则。虽然规则比较简单，只有 14 条，但是具有重大历史意义。规则规定，足球比赛只能用脚踢球，不得用手触球，把可以用手抱球的运动从足球中分化出去，成为橄榄球运动（允许手抱球的橄榄球联合会直到 1871 年才成立），从而实现了用脚为主支配球的真正意义的足球运动，为现代足球运动的广泛传播、流行和发展奠定了良好基础。因此，国际足坛都把 1863 年 10 月 26 日作为现代足球运动的诞生日，英国也就成为现代足球运动的诞生地。

英国足球协会的成立，对于推动足球运动的发展产生了重大影响。1872 年举行的英格兰与苏格兰之间的足球比赛，是不同文化、地域间的足球比赛，推动了足球运动发展。1875 年，随着农村人口大量涌进城市，足球运动在英国迅速流传，特别是随着英国的

技术工人、工程师、铁路工人等的劳务输出以及基督教影响的扩大，现代足球运动得到广泛传播。

19 世纪中后期，足球运动在欧美各国得到广泛发展，奥地利、西班牙、丹麦、意大利、瑞典、荷兰、阿根廷、智利等国都成立了足球协会。在 1900 年第二届奥林匹克运动会上，足球被列为正式比赛项目。这都使得各国间的足球比赛、交流日益增多，技术、战术水平不断提高。

二、国际足联的成立与发展

荷兰足协秘书长卡尔·希斯霍曼和法国体育运动协会秘书罗伯特·盖林都是创建国际足球联合会的积极倡导者。希斯霍曼曾经致函英国足球协会，希望他们牵头成立国际性的足球协会，但遭到拒绝。后来通过罗伯特·盖林等人的积极活动，决定不再等待英国，向欧洲各国足球协会发函，要求建立国际足球联合会。

1904 年 5 月 21 日，由来自法国体育运动联合会（USFSA）、比利时体育运动联合会（UBSSA）、丹麦足球协会（DBU）、荷兰足球协会（NVB）、西班牙的马德里足球俱乐部（Madrid Football Club）、瑞典足球协会（SBF）、瑞士足球协会（ASF）的代表在法国巴黎奥诺雷街 229 号（法国体育运动协会联盟驻地）召开会议，成立国际足球联合会（简称国际足联），并在有关文件上签字。

1904 年 5 月 23 日，国际足联召开了第一届全体代表大会，推选法国人罗伯特·盖林为第一任主席，瑞士的维克托·施奈德和荷兰的卡尔·希斯霍曼为副主席，比利时的路易·米林格豪斯为秘书兼财务主管，丹麦人西劳为副秘书长。

1905 年 4 月 14 日，英格兰足协承认并要求加入国际足球联合会。1910 年在意大利米兰举行的国际足联全体会议上，以国际足联主席英国人伍尔福尔为首，认为英国有四个协会参加总比没有要好,就同意苏格兰、威尔士、北爱尔兰加盟,这样英国就有四个队参加国际足联组织的各种比赛。同年南非加入国际足联,随后 1912 年阿根廷和智利加入,1913 年美国加入。国际足联逐渐开始了世界范围内的交流,这也为它后来的发展壮大、成为最具影响力的国际单项体育组织奠定了坚实的基础。

1914 年,第一次世界大战的爆发导致国际足联的活动陷入了停滞状态。由于政治原因,英国退出国际足联。1921 年 4 月 1 日,法国人雷米特当选第三任主席,国际足联只剩下了 20 个成员协会。在 1928 年 5 月国际足联举行的大会上,创办世界杯的提案获得了通过,匈牙利、意大利、荷兰、西班牙、瑞典和乌拉圭等国足协随即便提交了主办的申请,由于乌拉圭是 1924 年和 1928 年两届奥运会足球冠军,加上他们正在为两年后召开的独立 100 周年庆祝大会做准备,因此获得首届世界杯举办权,并于 1930 年 7 月 18 日在乌拉圭首都蒙德维的亚世纪体育场开幕。

第二次世界大战使国际足联的活动和世界杯赛被迫中止。战争结束后,1946 年 7 月,国际足联确定 1950 年继续举办第四届世界杯,而提交主办申请的只有巴西足协,于是该申请获全票通过。同年,经过雷米特先生的积极运作,成功争取到英格兰、威尔士、苏格兰和北爱尔兰四个足协组织重新加入,并且仍然享有独立参加世界杯的资格。

随后,经过几代领导人的努力,国际足联成为世界上颇具影响力的中立组织,国际足联的会员数目不断增加,这使现代足球运动得到稳步发展。

国际足联于 1974 年 6 月 11 日在德国法兰克福召开的第三十九届大会上选举巴西人阿维兰热为国际足联主席。阿维兰热上任后大刀阔斧地进行改革,将国际足联管理中心变成了一个充满活力的机构,使足球成为全球第一大体育运动项目。

1998 年 6 月 8 日,在巴黎举行的国际足联第五十一次大会上，瑞士人布拉特接替阿维兰热，成为国际足联第八任主席，国际足联的会员总数已经增加到了205个。

表1-1　　国际足联历任主席一览表

	姓　　名	国籍	任　　期
第一任	罗伯特·盖林 (Robert Guérin)	法国	1904年5月23日 至1906年6月4日
第二任	丹尼尔·伯利·伍尔福尔 (Daniel Burley Wooffall)	英国	1906年6月4日 至1918年10月24日
第三任	米尔斯·雷米特 (Jules Rimet)	法国	1921年4月1日 至1954年6月21日
第四任	罗尔多夫·威廉·塞尔德拉耶尔 (Rodolphe William Seeldrayers)	比利时	1954年6月21日 至1955年10月7日(病逝)
第五任	亚瑟·德鲁里 (Arthur Drewry)	英国	1956年6月9日 至1961年3月25日(病逝)
第六任	斯坦利·鲁斯爵士 (Stanley Rous)	英国	1961年9月28日 至1974年6月11日
第七任	阿维兰热博士 (Dr. Joao Havelange)	巴西	1974年6月11日 至1998年6月8日
第八任	布拉特(Blatter)	瑞士	1998年6月8日至今

第二节　现代足球运动竞赛规则的演变与发展

足球规则是指在足球比赛中双方运动员所必须共同遵守的规章制度，其精神实质在于保护双方运动员、体现双方对等的原则以及促进足球技术与战术的发展。足球规则对足球运动的健康、可持续发展起到了保障和推动作用。现代足球运动从 1863 年算起，距今有 140 多年的历史，足球规则由原始的、比较随意的、简单的规则，发展成为比较完善、科学的规则。足球规则演变过程可分为四个阶段。

第一阶段：英国足球协会成立之前。这一阶段尚无统一的比赛规则，场地大小、比赛时间以及人数均无明确的规定，甚至在比赛中可以用手进行比赛。1846 年，英国剑桥大学为了适应英国各学校的比赛，综合制定了一个简单的规则，当时称为《剑桥大学规则》。1860 年，比赛时间才确定为 90 分钟，比赛人数为 11 人。

第二阶段：从 1863 年英国足球协会成立到 1904 年国际足球联合会成立之前。在英国足球协会成立大会上，讨论制定了足球比赛统一规则，虽然规则比较简单，只有 14 条，但是具有重大历史意义，抛弃了手脚并用的足球，形成了现代足球规则的雏形。

随着足球运动的发展，英国对竞赛规则不断进行补充和修改。

1866 年补充规定：比赛场地为长 120 码，宽 80 码；伦敦队穿白色球衣、短裤；比赛用球为白色——标准 5 号球；比赛时间为 90 分钟。

1870 年正式规定了越位规则，即进攻者与对方球门间必须有三名防守者，否则为越位犯规，由对方罚任意球。

1872 年规定比赛用球周长为 68 厘米—71 厘米，此规定正式写入规则条文是 1883 年。

1877 年规定了球门高度为 8 英尺，两门柱上试用横木或绳。比赛最小场地为长 100 码，宽 50 码。

1878 年规定：比赛开始是在球场中心踢定位球，开球前应离球 10 码以外。

1880 年，正式规定裁判员的职权是在两名检查员判罚意见不一致时有最后的决定权，以及承担记录比赛成绩与时间的任务。

1882 年规定：比赛时间分为两个半场，各 45 分钟，中间休息并交换场地；界外球由脚踢改为手掷；建立了足球规则委员会，负责研究、修改规则。

1883 年规定：场地必须按照长度划出边线和端线；球门上沿用横木代替绳子（对横木无具体要求）。

1891 年规定：为避免球是否进门的争论，规定使用球网；规定了比赛中最严厉的处罚——罚点球；裁判由三人组成，一名裁判员，两名巡边员；规定了球门区、罚球区和球门的大小。

1894 年规定：球门柱和横木的最大宽度与厚度均为 5 英寸。

1895 年增加了掷界外球时双脚不准离开地面的规定。

1896 年规定角旗不得低于 1.5 米；球门柱之间内沿相距 8 码。

1897 年明确规定：参加比赛双方各为 11 人，不得更换。

1898 年规定：掷界外球不可直接得分（入球不算）。

1902 年规定了"球门区域"的大小和作用、"罚球区域"的大小和作用以及用 12 码的罚球点来代替 12 码的横长线。

在此阶段，作为现代足球发源地的英国，对足球运动的发展起了重要作用。英国成立了规则制定和修改委员会，使比赛场地、时间、人数、比赛用球等有了统一规定，为足球运动的健康发展打下了良好基础。

第三阶段：从 1904 年国际足联成立到第二次世界大战结束。国际足联设立了规则委员会，在其领导下集中各成员国专家对规则进行一系列的修改，使之逐渐成为一部较系统、完整的规则。主要进行的修改有：

1905 年，国际足联规则委员会对执行点球作了新规定：在球未踢出之前，守门员必须站在球门线上，可在球门线上随意移动；明确比赛用球必须是皮制品，所采用材料不应对运动员造成伤害；允许合理冲撞，但不得粗暴、猛烈或带有危险性。

1925 年,对越位规则进行修改,由原来的“三名防守队员”改为“两名队员”的越位规则。

1929 年,对执行点球规则作进一步修改,守门员在球未踢出之前必须站在球门线上,并且两脚不得移动。

1937 年规定:比赛用球的重量为 14 英两—16 英两(396 克—453 克),并增加“罚球弧”,且规定其作用。

1939 年规定:场内界线的宽度不得超过 12 厘米;球门柱和横木可有较小的棱角(避免伤害运动员);确定角球区并规定其作用。

规则的演变,特别是 1925 年的越位规则的修改,给世界足球史上的比赛阵型带来了重大革命,英国人埃尔贝·契甫曼发明了攻守平衡、分工明确的“WM 阵型”。在此阶段,规则已经发展成为有 17 章共 130 余条的规模。

第四阶段:自第二次世界大战结束以来。国际间交往的增加,比赛商业气息的浓重,高新科学技术的不断发展以及比赛对抗的日趋激烈,促使国际足联对规则不断进行修订。

1954 年规定:严格制止粗暴行为,避免发生伤害事故。用脚踢对方的胸、肩、头部的球属于危险动作。

1964 年制定纪律措施备忘录,并在世界杯赛举办前对规则作了详细解释(同时犯规时,性质不同判罚严重的,相同性质的坠球恢复比赛;守门员在球门区打人,责令罚出场,坠球恢复比赛;在比赛中以及中场休息时殴打对方施以相应处罚)。

1970 年规定:比赛中可以有两名替补队员上场;如果延长期比赛仍成平局,以点球决胜负取代抽签决胜负;开始执行红、黄牌制度;每队上场队员最少 7 人,否则不能比赛;守门员接到球必须及时出球;等等。

1971 年至 1980 年间,国际足联对规则和裁判法作了一些变更、修改和补充,包括设立摄影人员限制线,球充气的规定,队员的装备,守门员的装备,与场上队员互换以及四步法的规定。裁判员自进入场地就开始行使职权,可以停止比赛(无权决定胜负)并要求遵守纪律,等等。

1981 年至 1990 年间,国际足联理事会先后对第六章巡边员职责、第三章队员人数、第十二章犯规与不正当行为、第二章中球的规格、第八章中的开始比赛、第十三章中的任意球、第十四章中的罚点球、第七章中比赛时间的规定、第十五章中的国际理事会决议增加条款和正式比赛必须使用护腿板,以及各章节中有关裁判员暂停比赛执行坠球恢复比赛地点的规定等作了相应的修改和补充。

1991 年至 2000 年间,国际足联修改的规则主要有:对攻方突破后有明显得分倾向而守方故意犯规时,除了判罚直接任意球或点球外,视情节再追加红、黄牌;执行任意球时,对故意延误比赛时间等行为严加判罚;守方在球门区或罚球区内踢任意球时可在该区域内任意地点执行;守门员不能用手接本方队员的回传球;进攻者与第二名防守队员平行时不越位;主教练可以在规定区域内进行指导;对于佯装受伤给予警告;巡边员改为助理裁判员;开球和球门球可以直接得分;挑边时获胜方选场地,对方开球;实施判罚有利条款;对有无礼的、侮辱或辱骂性质的语言以及动作判罚直接任意球;等等。

2001 年规定:被罚令出场的队员立刻离开场地附近和技术区内;对于明显、过分的动作,裁判员必须判罚对方踢直接任意球,如在本方罚球区内,则判罚点球,并以非体育道德行为警告犯规队员。

2002 年规定:当队员严重受伤时,裁判员应停止比赛,要确保该队员移出场外;受伤队员只有在比赛重新开始后才能重返场地;裁判员对假摔队员应出示黄牌警告。

2003 年规定:在踢点球之前进入罚球区的队员犯规;罚点球

时球被踢出之前，如果守门员从球门线移动出来也是犯规。

这些新增的规则的目的是对故意犯规与不正当行为严加惩罚，限制队员故意延误时间，增加比赛时间，同时放宽对越位的处理等。这些措施鼓励进攻，使足球竞赛性更强，提高了进球率，增强了观赏性，体现了公正、平等及保护运动员的安全的要求，使规则更加合理化、科学化。

第三节　现代足球在中国的发展

一、现代足球运动传入中国

19世纪末、20世纪初，现代足球运动从英国传入我国。当时的香港和上海是我国开展现代足球运动最早的两个城市。1901年，上海的圣约翰书院成立了我国最早的足球队。随后，在上海、北京、天津、广州、南京等地的教会学校中也开展了足球运动。

1906年，北京的通州协和书院足球队与英国驻军"英兵队"在北京长安街进行比赛，结果协和书院足球队以2：0获得胜利，并荣获"九龙杯"，这也算得上是我国最早的国际足球比赛。以后，通州协和书院足球队和北京江文书院足球队多次击败了美兵、法兵、德兵等足球队，推动了足球运动在中国的开展。

1908年，香港成立了中国现代足球运动的第一个组织——南华足球会。该会的球员不仅代表香港参加全国比赛，而且代表中国参加远东运动会足球赛。同时，涌现出一批足坛明星，尤其是李惠堂，他在远东运动会上和远征澳大利亚等比赛中的上佳表演，显示出华人的足球才能，为中华足坛争得了荣耀，被称为"亚洲球王"。

从1910年10月18日在南京南洋劝业场举行的旧中国历史

上第一届全国运动会开始，到1948年一共举办过七次全国运动会，每届全国运动会上都有足球比赛项目。

1913年至1934年间，远东运动会足球赛共举行十届，我国都派队参加并获得九次冠军(除了首届由菲律宾获得和第九届与日本并列获得以外，其余八届都是中国队获得冠军)。

1931年，“中华全国体育协进会”正式成为国际奥林匹克委员会会员，并且在1936年参加第十一届奥运会足球比赛(以0∶2负于英国)，1948年参加第十四届奥运会足球比赛(以0∶4负于土耳其)。

现代足球运动传入我国至新中国成立前的几十年间，无论从足球运动的开展情况还是运动技术水平来看，我国的足球运动都处在一个发展缓慢的较低水平上。

二、新中国的足球运动

中华人民共和国成立以来，在党和政府的关怀下，随着社会的进步和发展，足球运动得到广泛的发展，运动水平得到大幅度提高。新中国足球运动的发展可以分为六个阶段：

第一阶段(1951年至1960年)：积极开展足球竞赛活动，健全比赛制度，壮大足球队伍，提高运动技术水平。

1951年10月3日至8日，中国人民解放军“八一”队参加在捷克斯洛伐克首都布拉格举行的国际邀请赛，这是新中国足球队首次出访，在首场比赛中以1∶9负于保加利亚人民军队。1951年12月1日至9日，在天津举行第一届全国足球比赛，有六大行政区队、解放军队以及铁路队共八支队参赛，东北队以不败战绩获冠军。1954年10月19日至26日首次举办了有十个队参加的全国足球联赛。

1952年6月14日，国际足联承认中华全国体育总会继承

1931 年加入国际足联的原中华全国体育协进会会员资格。1952 年 7 月 29 日至 8 月 7 日，中国足球队赴芬兰参加第十五届奥运会足球赛，由于迟到而弃权，但同当地球队进行了两场友谊赛，并在 8 月 4 日与芬兰队进行一场比赛，最终以 0：4 负于对手，这是中国队首次参加的国际 A 级比赛。

1953 年 11 月 14 日至 15 日，全国体育总会代表团首次出席在巴黎举行的国际足联临时代表大会。1954 年 6 月 21 日至 22 日，在瑞士伯尔尼举行的国际足联代表大会上，我国代表坚决反对国际足联接纳我国台湾地区为会员，但没有成功。1956 年 6 月 9 日至 10 日，中国足协副主席张联华在葡萄牙里斯本举行的国际足联第三十届代表大会上，要求国际足联必须取消台湾会籍和确认我国参加第六届世界杯足球赛的资格等问题，在遭到大会拒绝后，我国代表退出会场以示抗议。1958 年 6 月 5 日至 7 日，在斯德哥尔摩举行的第三十一届国际足联代表大会上，中国代表再次强烈要求取消台湾的会籍，遭到国际足联的无理拒绝，中国代表以退出会场表示抗议，并于 6 月 7 日宣布退出国际足联。

1954 年 4 月，我国选派 25 名青年足球运动员赴匈牙利学习深造，同年 10 月又增派 10 人。1955 年 10 月，留学球员回国，并聘请首位外籍教练——匈牙利人阿姆别尔·约瑟夫为中国队主教练。

1955 年 1 月 3 日，中国足球协会在北京成立，黄中成为首任主席。从 1956 年 4 月开始在全国举行甲、乙级足球联赛，实行了等级运动员和裁判员制度。8 月 16 日，中华全国体育总会向国际足联推荐李凤楼、方荣富、胡汉文、王南珍和王维屏五人为 1956 年至 1957 年度国际级裁判员，并得到批准，这也是新中国首批获国际级称号的裁判员。

在 1958 年全国足球训练工作会议上，首次提出了“勇、快、巧、准”的中国足球风格，明确了我国足球运动的发展方向。在 1959

年第一届全运会上，足球被列为正式比赛项目。1960 年中、朝、越、蒙四国足球对抗赛中，中国队夺得冠军。至此，我国足球运动水平达到建国以来的第一个高潮。

1956 年 5 月，中国足球队前往印度参加第十六届奥运会足球预选赛，由于对手菲律宾队弃权，中国队不战而胜获得出线权。同年 10 月，在北京举行首届中、朝、越三国对抗赛，中国队以一胜一负获亚军，这是我国首次举办多国足球比赛。1957 年 5 月，在台湾退出第六届世界杯赛预选赛情况下，我国国家队参加了预赛，但因进球数少于印度尼西亚队而被淘汰。

1959 年 9 月，第一届全国运动会在北京举行，解放军队夺得足球比赛的冠军。同年 10 月，为庆祝国庆十周年，在北京举行了中、苏、匈三国足球对抗赛，中国队一胜一负获亚军。

第二阶段（1961 年至 1965 年）：由于自然灾害，经济困难，足球运动发展受到很大影响，有部分队伍停止训练、比赛，运动水平下降。

三年自然灾害发生后，党和政府克服种种困难，并采取一些积极措施发展足球运动。国家体委于 1964 年 2 月 27 日在北京召开全国足球训练工作会议，作出《关于大力开展足球运动，迅速提高技术水平的决定》，提出了“从难、从严、从实战需要出发，进行大运动量训练”的“三从一大”的训练方针。1964 年 6 月 1 日，由共青团中央、全国总工会、教育部、国家体委联合召开的全国足球工作会议，作出了“大力开展足球运动、迅速提高技术水平”的决定；确定北京、上海、天津、广州、武汉、旅大、沈阳、南京、延边、梅县为全国发展足球运动的十个重点地区；并发出《关于在男少年中开展小足球活动的联合通知》，号召全国中小学广泛开展小足球运动，以推动我国足球运动的发展，足球运动水平开始提高。正当中国足球运动再次掀起一个新高潮的时候，“十年浩劫”开始了，足球运动遭到了严重的破坏。

第三阶段(1966 年至 1976 年):“文化大革命”使足球运动遭到极大的破坏,足球训练、教学、比赛、科学研究工作几乎停止。虽然 1970 年以后有所恢复,但整体而言水平下降很大,造成足球队的年龄结构的断层,拉大了与足球强国的差距。

中国足球队在 1966 年 11 月参加第一届亚洲新兴力量运动会足球比赛,最后获得亚军,这是中国足球队首次在洲际比赛中获得好名次。1967 年至 1969 年,足球运动陷于停顿。1970 年起开始复苏。1972 年 6 月,在北京举行了全国五项球类运动会。1973 年,恢复举行中断 7 年的全国足球联赛。1974 年 9 月,中国足球队参加了第七届亚运会足球比赛,在小组预赛中被淘汰。

1974 年 9 月 14 日,在德黑兰举行的第六届亚足联代表大会重新接纳我国为亚足联会员,取消了台湾地区的会籍。1975 年 5 月 4 日,国际足联主席阿维兰热访问我国,并与中国足协主席李凤楼就恢复中国在国际足联的合法席位及处理台湾会籍问题交换了意见。1975 年 9 月,在北京举行第三届全运会足球比赛决赛阶段比赛,广东队与辽宁队战成 1:1,并列冠军。

第四阶段(1977 年至 1992 年):随着国内政治稳定、经济形势好转,足球运动获得较好的发展,运动水平得以回升和提高。

1978 年,国际足联第四十届代表大会通过决议,确认中华人民共和国足协最有资格代表中国,并授权执委会贯彻执行这一决议。1979 年 10 月 13 日,国际足联执委会通过决议,重新接纳中华人民共和国足协为会员,要求台湾地区的足球组织改名为“中国台北足球协会”,并且不得使用“中华民国”的标志。1980 年 7 月 7 日,国际足联第四十二届代表大会批准了国际足联执委会作出的《关于恢复中国足球协会在国际足联中合法权利的决定》,从此,中国回到了国际足球大家庭。

1979 年,国家体委向国务院提交了《关于提高中国足球技术水平若干措施》的请示报告,经国务院批准并开始实施。同年还确定了开展足球活动的16个重点城市和地区（北京、上海、天津、大连、广州、沈阳、长春、重庆、青岛、南京、武汉、西安、昆明、石家庄和延边朝鲜族自治州、梅县地区）。1980年，共青团中央、教育部、国家体委发出《关于在全国中小学积极开展足球活动的联合通知》。同年，首次举办了16个重点地区小学生“萌芽杯”、中学生“希望杯”和16个城市青年冠军赛。

1981年，国家体委在北京召开的全国足球工作会议上提出了“振奋精神，勤学苦练，坚持‘三从一大’，积极培养勇于拼博、能攻善守的全面型运动员”的要求，并作为当前我国足球训练的指导思想。1985年11月，国家体委在南京召开全国足球训练工作会议，提出了提高我国足球运动水平的具体措施，如决定成立全国足球领导小组，袁伟民任组长，只有持有高级教练员训练班合格证书者才可担任甲级队主教练，等等。1992年6月，中国足协在北京西郊红山口召开了“红山口会议”，会议以改革为主题，决定把足球运动作为体育改革的突破口，确立了中国足球要走职业化道路的发展方向。

从1978年开始，恢复全国甲乙级联赛双循环升降级制度，并建立了全国成年队联赛、青年队联赛的各级较稳定而系统的竞赛制度。在国内举行了全运会足球比赛、1984年10月的首届中国足协杯赛——“金利来”杯比赛、1990年的全国“优胜者”杯比赛以及中国足协举办的全新的联赛（甲级A组、甲级B组的锦标赛）等一系列比赛，尤其是辽宁（东药）队参加亚洲俱乐部杯赛，并获得1989年度亚洲俱乐部杯冠军，这是我国球队首次获得洲际比赛冠军称号。还参加了第二十二届奥运会预选赛、第十二届世界杯预选赛、第十七届世界大学生运动会足球比赛、第三届世界青年足球锦标赛决赛阶段的比赛、第二十四届奥运会足球赛决赛阶段比赛、第二十五届奥运会足球赛预选赛以及亚洲足球锦标赛等一系列比赛，取得了一些可喜的成绩。

第五阶段(1993年至2003年):步入职业化时期。

1993年6月,国家体委主任伍绍祖在成都向世人展示了中国足球的十年发展前景,制定了中国男子足球队要在1998年打进世界杯决赛圈和2002年世界杯进入前十六名的宏伟目标。1993年10月,中国足协在大连棒棰岛举行的"棒棰岛会议"上,讨论和修改了中国足球十年发展规划,决定把1994年甲级A组联赛作为联赛的改革试点,与国际惯例接轨,实行门票分成,促进球队向职业化过渡,并颁发了相关竞赛文件。1995年1月,国家体委足球运动管理中心成立,这是国家体委体育改革的措施之一,也是为了适应国际惯例和对外交流的需要而采取的重要举措。

1994年开始职业联赛。1993年12月10日,由企业自主管理的足球俱乐部——上海市申花足球俱乐部诞生,标志着我国足球运动开始迈向职业化。1994年4月17日,经过重新包装的全国足球甲级(A组)联赛开始。在十年职业联赛中,采取主客场双循环升降级等赛制;大连万达(大连实德)俱乐部获得7次冠军,上海申花俱乐部获得2次冠军,山东鲁能泰山俱乐部获得1次冠军。在自1995年以后的九年的足协杯比赛中,北京国安获得3次冠军,而济南泰山、大连实德、上海申花、山东鲁能、重庆隆鑫、青岛哈德门各获得1次冠军。

1993年11月14日,中国足协在全国范围选拔的22名小队员组成的中国健力宝少年足球队,赴巴西开始了为期五年的留学生活,由于此次留学是广东健力宝集团赞助的,称为"健力宝模式"。1997年6月,以赴巴西留学的健力宝队为主组成的中国青年队,在国人的期待下征战世青赛,结果小组赛即被淘汰。1998年7月22日,组队五年的中国健力宝青年队(原中国健力宝少年队)解散。

2001年10月7日,中国队在沈阳举行的第十七届世界杯亚洲区决赛中,主场1:0战胜阿曼队,首次取得参加世界杯决赛阶段比赛的资格,实现了44年的夙愿。2002年6月,中国足球队首次参加了第十七届世界杯决赛阶段的比赛,小组赛三战三败,未进一球、未积一分。

从实行职业联赛以来,中国足球改革已经走过了十个年头,中国足球水平的确取得了长足的进步,但在亚洲仍然落后于韩国、日本等国家,在国际大赛中成绩不如人意。要实现足球强国的愿望,道路仍旧艰难曲折,甚至要付出几代人的努力。

第六阶段(2004年至今):这是中国足球改革的艰难时期,中国足球发展进入低谷。

2003年是甲A联赛的最后一年,2004年中国足球又迎来了中超时代。2004年2月,足协公布"中超元年"赛程。在首届中超比赛中,发生了多起重大事件,如集体罢赛、联赛扣分等。最后,深圳健力宝队获得冠军。

第四节　中国女子现代足球运动的发展

中国实行改革开放政策以来,女子足球运动迅速发展,对世界女子足球运动作出了重大的贡献。中国女子足球队在艰苦的条件下冲出了亚洲,走向了世界,率先在重大比赛中获得奖牌,成为亚洲之冠、世界强队之一。

一、现代女子足球运动的传入

在20世纪20年代,我国一些沿海城市中出现了女子足球运动。1924年,上海某校教师沈昆南把英国出版的《女子足球规则》翻译成中文,将足球作为体育教学内容,并成立女子体专足球队。抗战时期,在西北大学各院成立了女子足球队,经常进行校际足球比赛。1939 年,西北大学举行校女子足球冠军赛。比赛在长 50 米、宽 40 米的场地进行,时间为 60 分钟,上、下半场隔 10 分钟,运动员穿布鞋、布制长统裤,装备简单,比赛激烈。但由于战争等因素,女子足球运动没有延续下来,也就更谈不上发展了。

二、现代女子足球运动逐渐兴起

1958 年,广东地区曾开展过中学生女子足球运动。60 年代初期,亚洲的新加坡、泰国、中国台北就已经有了女子足球队,其中以中国台北女足最为突出。1974 年 11 月,香港的陈瑶琴女士和新加坡的彭利来先生积极筹备,在香港成立了亚洲女子足球联合会,陈瑶琴被推选为会长。台湾校园女子足球运动开展较早,1974 年由台中市大德国中及四育国中为主体组建的佩登斯女子足球队首度战胜了当时女子足坛强队香港队,获得“万寿杯”冠军,震动了足坛。台湾于 1975 年正式成立木兰女子足球队,刘润泽任教练。1977 年 1 月分别到泰国、新加坡、印尼、香港等地访问比赛,取得了八胜一平的优异成绩。1977 年 8 月,在第二届亚洲杯比赛中夺得冠军。此后,又连续获得两届冠军。

70 年代以来,世界女子足球运动渐趋活跃。女子足球的国际交往开始频繁,出现了女子足球国际锦标赛。1979 年春天,在国家体委球类司李凤楼的支持下,西安铁路一中和东方机械厂子弟学校的足球姐妹队同时成立。接着,西安市、陕西省相继组织了女子足球队,成为我国开展专业女子足球运动的先导。不久,广东梅县、云南、辽宁、北京、天津、大同、广州、上海、长春、延边等地也纷纷组建女子足球队。

由于政府主管部门的关心和支持及社会的资助,80 年代,我国女子足球运动蓬勃发展起来。1981 年 2 月,北京首次举行了中学生女足邀请赛。同年 5 月,广东省举办了首届女足赛,云南楚雄彝族自治州举办了五省六支球队参加的邀请赛。1982 年 8 月，体育报、人民体育出版社、新体育、中国体育报、足球世界五家首都体育新闻单位在北京联合举办“全国十省市女子足球邀请赛”，拉开了全国性女子足球竞赛活动的序幕。1982 年底，国家体委正式把女子足球纳入全国竞赛计划，并从 1983 年起每年举行一届全国女子足球锦标赛。很快，全国各地、行业体协纷纷组建女子足球队，最多时有 38 支队伍参加比赛。1985 年，女子足球以其广泛的群众基础和发展潜力，被列为 1987 年第六届全运会比赛项目。1989 年，又增加了“全国青年女子足球锦标赛”，进一步推动了青少年女子足球运动的发展。

中国女子足球与国外的交流始于 1983 年。1983 年 11 月 18 日至 27 日，在广州举办了中国历史上第一次国际女子足球邀请赛。1984 年在西安再次举办国际女子足球邀请赛。中国女足在同国外优秀队的交流中，开阔了视野，运动水平有了较大的提高。1983 年 12 月，在广州组建了第一支国家女子足球集训队，并于 1984 年 1 月得到国家体委正式批准。1986 年 7 月，中国女子足球队首次远征欧洲，参加在意大利威尼斯和托尔托纳举行的两次国际女足邀请赛，分别夺得第三名和第一名。同年 12 月，中国女子足球队在香港第一次参加洲际正式比赛——第六届亚洲女子足球锦标赛，以全胜成绩获得冠军，为中华巾帼赢得殊荣。

1988 年 1 月 7 日，中国足球协会主席年维泗与奇星药厂厂长朱柏华在广州签订协议书，共建中国女子足球队，开创了企业共建国家级运动队的“奇星模式”。

1988 年 6 月 1 日至 12 日，国际足联、亚足联、中国足协在广东成功地举办了国际足联世界女子足球邀请赛，代表队来自五大洲 12 个国家，是当时世界女子足球最高水平的大赛，挪威队获得冠军，中国女足位居第四。此后，国际足联要求各大洲足联将女子足球的开展列入议事日程，并建立相应的女足管理机构。亚足联建立了女子足球委员会，陈瑶琴女士为主席，杨秀武为副主席。从1989年第七届亚洲女子足球锦标赛开始，这一赛事由亚足联直接领导。在第七届亚洲女子足球锦标赛上，中国队又蝉联冠军。

1991年，中国出色地举办了第一届世界女子足球锦标赛，开创了世界女子足球的新纪元，对世界女子足球运动作出了重大贡献。中国女足获得第五名。1995年，中国女足获得第二届女子足球世界杯赛的第四名，1991年至1997年又蝉联第八、九、十、十一届亚洲女子足球锦标赛冠军。1993年第十七届世界大学生运动会，首次设置女子足球比赛，中国队勇夺冠军。在国际足联和美国亚特兰大奥运会组委会的努力下，1993年9月20日，在摩纳哥蒙特卡罗召开的第一〇一次国际奥委会全会上，批准女子足球为奥运会正式比赛项目。这标志着足球运动也更加全面，使更多的妇女能投身于足球运动，推动了女子足球在世界各地的开展。1996年7月，第二十六届奥运会增设女子足球比赛，中国队获得亚军，实现了中国足球史上的一大突破，亚足联秘书长维拉潘说：这不光是中国的荣誉，而且是亚洲的荣誉。中国女子足球队在1995年、1996年、1997年连续三年被评为亚洲优秀运动队。

1990年至1999年，中国女子足球队在一系列重大赛事中，取得了骄人的成绩。但是，自2000年以来，中国女子足球队水平出现下滑趋势。

在2000年9月悉尼奥运会上，中国女子足球队小组未出线。随着队员年龄的增大，女足老将们的状态已经难以恢复到巅峰期，培养新人已是当务之急。

2001年，中国女足在亚洲杯半决赛中栽在新崛起的亚洲劲旅朝鲜队脚下，最后获得季军。亚洲杯赛的失利引发了足坛内外一片“换帅”的呼声，马良行从马元安手中接过了帅印。在2003年6月的亚洲杯赛上，中国女足还是输给了朝鲜队。同年10月的世界杯1/4决赛中，败在了以往被视为二流队的加拿大队的脚下。

在2004年雅典奥运会上，中国女足的成绩跌至冰点，第一仗与德国队比赛以0∶8惨败，第二场比赛又被墨西哥队逼成1∶1，中国女足以进一球、积一分的成绩打道回府。

竞技体育有其自身的规律，中国女足不能单靠换教练、赢几场邀请赛就能重现辉煌。应该注重培养女足后备人才，摆脱功利思想。我们期待中国女足重铸辉煌。

第三章　足球技术

足球技术是指运动员运用身体的合理部位完成各种动作方法的总称。

足球技术是实现个人战术的前提，也是组织与完成局部和整体战术的基础。战术的不断变革和创新也促使技术的内容更加丰富，而足球技术的提高必将使球队的整体战术水平达到一个新的境界。运动员要想提高足球的技术水平，就必须全面学习并熟练掌握足球的各种基本技术，且与比赛紧密结合，在比赛中检验技术，在比赛中提高自己合理运用技术的能力。

足球技术又分为有球技术和无球技术。有球技术包括颠球、运球、踢球（传球、射门）、接球、头顶球、抢截球、掷界外球及守门员技术等。无球技术包括起动、急停、转身、变向、跳跃等。

第一节　颠　　球

颠球技术在足球比赛中运用得并不多，却是提高运动员球性和控球能力的有效手段。运用身体的不同部位颠球，可以提高运动员的柔韧性、各关节的灵活性以及全身的协调性等。

一、颠球的几种形式

（一）脚背正面颠球

支撑腿的膝关节微屈，当球下落至稍低于膝关节高度时，颠球脚的踝关节稍紧张，脚尖微翘，以膝关节为轴做钟摆式运动，用脚背正面触球的底部，将球向上颠起，并向身体方向回旋。

（二）脚内侧颠球

支撑腿的膝关节微屈，当球下落至稍高于膝关节高度时，颠球腿屈膝盘腿，脚内侧上摆，脚内侧与地面成水平状态，轻击球的底部，将球向上颠起。

（三）脚外侧颠球

支撑腿的膝关节微屈，当球下落至稍高于膝关节的高度时，颠球腿屈膝外撇，用脚外侧击球的底部，将球向上颠起。

（四）大腿颠球

支撑腿的膝关节微屈，两臂自然张开，当球下落至髋关节高度时，颠球腿屈膝上抬，用大腿的中部击球的底部，将球向上颠起。

（五）头颠球

两腿膝微屈，两臂自然张开，头上仰使额正面成水平，当球下落至额正上方时，两脚轻轻蹬地伸膝，用额正面触球的底部，将球向上颠起。

二、颠球的练习方法

（1）双脚颠网中的球：一手提绳，用双脚的脚背正面连续颠球，然后过渡到其他部位。

（2）多部位颠球：用脚背正面、大腿、头等多个部位连续交替颠球。

（3）走动中、跑动中颠球，包括沿着不同方向多部位颠球。

（4）两人或多人之间连续不落地地颠球。

第二节 踢　球

踢球是指运动员有目的地运用脚的不同部位将球击向预定的目标。踢球是足球技术中最基本的技术动作之一，主要运用于传球和射门。

一、踢球技术动作分析

踢球技术动作方法很多，但其动作过程都是由助跑、支撑、摆动、脚触球和随前动作五个部分组成的。

（一）助跑

助跑是运动员在踢球前的几步跑动。它的作用是使身体获得一定的前移速度并能调整人与球的位置，以利于支撑脚处于正确的位置和增加击球的力量。助跑的最后一步步幅应适当加大，这样可以为增大踢球腿的摆幅、制动身体的前冲和提高踢球的准确性创造有利条件。助跑分直线助跑和斜线助跑两种，助跑和出球方向相同的称直线助跑；助跑和出球方向成交叉的称斜线助跑。

（二）支撑

支撑是指在踢球过程中支撑脚的位置、踏地方法、足尖方向和维持身体平衡的动作。它的作用主要是稳定身体重心，维持身体平衡，使踢球腿得以协调发力。一般来说，支撑脚应积极踏地，膝关节微屈，脚尖的方向与出球的方向一致，踢球的刹那间，支撑脚在球的侧面 10 厘米—12 厘米是比较理想的位置。

（三）摆腿

摆腿是指踢球腿的动作而言。击球力量的大小主要取决于踢球腿的摆动。踢球腿的摆幅大，摆速快，踢出去的球力量就大，球运行的速度就快。踢球腿的摆动方法有两种:一种是在跨步支撑的同时,大腿后引,小腿后屈,前摆时以髋关节为轴,大腿带动小腿摆动击球;另一种是在跨步支撑时积极送髋,大腿前顶,小腿后屈,以膝关节为轴快速前摆小腿击球。第一种方法在比赛中多用于长距离的传球和强有力的射门,其缺点是准备击球动作的时间长,在对手紧逼的情况下较难完成快速出球的任务。第二种方法准备击球的动作时间较短,出球快而突然,在比赛中适于在紧逼防守的情况下完成传球和射门的动作。

(四) 脚触球

脚触球是踢球动作的核心,是决定出球准确性高低的重要环节。它包括脚的部位和球的部位两个因素,还包含击球刹那间踝关节的动作。

脚触球也可称为击球,也是影响出球力量的重要环节。如果踢球时脚的部位和球的部位都是正确的,并且踢球的作用力通过球心,球就会依照作用给球的力量飞向预定的目标。如果踢球的作用力不通过球心,那么球就会沿着一定的弧线飞行。

击球动作是指踢球脚运用不同部位在击球的一刹那间的动作表现而言的。随着足球技术的不断发展,人们从实践中概括出以下几种击球动作:摆击、弹击、抽击、敲击和推击。

(五) 随前动作

踢球后的随前动作,是要求脚与球接触后,踢球腿继续前摆和送髋,这样可以协调整个踢球动作,维持身体平衡,保证出球质量。同时,也便于跟进完成下一个动作。相反,如果没有踢球后的随前动作,那么必然是在踢球脚触球前就开始减小用力。这样不仅踢球腿的摆速会降低,同时还会对快速前移的整个身体起着减速的作用,导致影响球速。可见,踢球后的随前动作是影响踢球力量和出球准确性的完整动作中不可缺少的环节。

二、踢球技术动作方法

踢球主要有脚内侧、脚背正面、脚背内侧、脚背外侧、脚尖和脚跟踢球等方法（图3-1）。

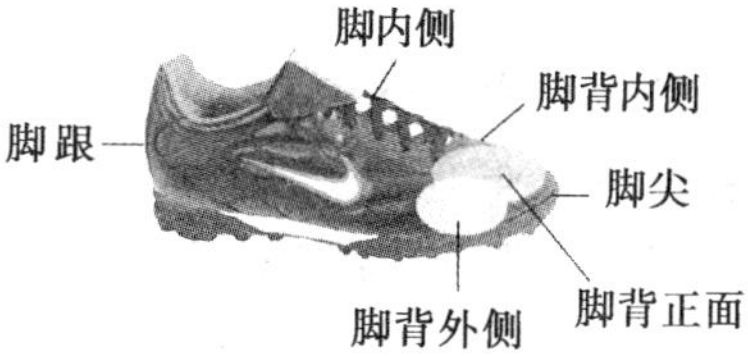

图 3-1

（一）脚内侧踢球

脚内侧踢球时触球的面积较大，触球平稳，但力量较小。常用于近距离的射门和传球。

1. 踢定位球

脚内侧踢球时一般采用直线助跑，跨步支撑时步幅稍大，同时眼睛要看球。脚落地时足尖应与出球方向一致，距球10厘米—12厘米，膝关节微屈，两臂自然张开，维持好身体平衡。踢球腿以髋关节为轴由后向前摆动，在前摆过程中髋关节外展，脚尖翘起，脚底与地面成平行，踝关节紧张，脚内侧与出球方向约成90°角，大腿带动小腿快速摆动，以脚内侧部位击球的后中部（图3-2）。

图 3-2

2. 踢地滚球

脚内侧踢地滚球的动作方法与踢定位球基本相同，所不同的是因为球在地面滚动，要根据球滚动的方向、速度，对动作方法中的某些环节进行适当调整。也就是说，不管球在正面、侧面还是向前滚动时，都要把球滚动的时间和摆腿的时间计算得恰到好处，并注意调整支撑脚的位置。

3. 踢反弹球

脚内侧踢反弹球时，首先要根据来球的弧度及时准确地找到球的落点，身体要正对来球的方向，支撑脚的位置一般选在球侧。如来球弧度小可稍偏后些，摆腿击球的时间应及时准确地掌握在球落地反弹刚要离开地面的刹那间，用摆击的方法击球的后中部(图3-3)。

图3-3

4. 踢空中球

脚内侧踢空中球时，身体要正对来球方向，准确判断球在空中运行的路线，大腿抬起，击球时利用小腿的摆动敲击球的后中部。如要踢出高球，可踢球的中下部。要踢出低球时，则踢球的中上部。

(二) 脚背正面踢球

脚背正面踢球动作由于腿的摆动与人的髋、膝关节的自然结构相适应，其用力方向与出球的方向一致，并同人的日常走、跑动作一致，因此便于加大摆幅和加大摆速，所以常用于远距离的传球和大力射门。

1. 踢定位球

直线助跑，支撑脚踏在球的后沿侧方10厘米—15厘米处，脚尖正对出球的方向，膝关节微屈。踢球腿在跨步支撑的同时，大腿后引，小腿尽力后屈。以髋关节为轴，大腿带动小腿由后向前摆动。当膝关节摆至球的正上方时，小腿加速摆动，脚背绷直，脚趾扣紧，以脚背正面击球的后中部(图3-4)。击球后，踢球腿应继续前摆。

图 3-4

2. 踢地滚球

脚背正面踢迎面、侧面或向前的地滚球时,除应正确完成踢定位球的主要动作方法之外,还应根据球滚动的速度,调整支撑脚的位置。

3. 踢反弹球

脚背正面踢反弹球时,首先要正确判断球的落点、落地时间和反弹角度。踢球时,支撑脚在球的侧方,当球快要落地时,踢球腿的小腿急速摆动,在球落地刚要反弹离地时,以脚背正面击球的后中部(图 3-5)。踢反弹球的关键在于对踢球时机的把握。

图 3-5

4. 踢空中球

(1) 侧身踢空中球

脚背正面踢空中球时,身体侧对来球方向,身体重心向支撑脚倾斜,踢球腿大腿高抬与地面大致平行,大腿带动小腿急速向出球方向摆动,用脚背正面击球的后中部。在摆腿踢球的过程中,身体随之向出球方向扭转,踢球后身体面对出球方向(图 3-6)。

图 3-6

(2) 踢倒勾球

图 3-7

原地踢倒勾球时,支撑脚向前跨一步,膝关节弯曲,上体后仰,踢球腿以髋关节为轴尽力向上摆动,当球落在头的前上方时,用脚背正面向后倒勾踢球(图 3-7)。

跳起踢倒勾球时,先判断好球的运行路线并确定好击球点,然后踢球脚蹬地起跳,同时另一腿上摆,使身体腾空后仰,两眼始终注视来球。在另一腿上摆下落时,踢球腿的大腿带动小腿急速挥摆,两腿在空中做剪式交叉动作,以脚背正面踢球的后中部。踢球后,两臂微屈,手掌向下撑地,指尖指向出球的反方向,屈肘,然后背部、臀部依次着地(图 3-8)。

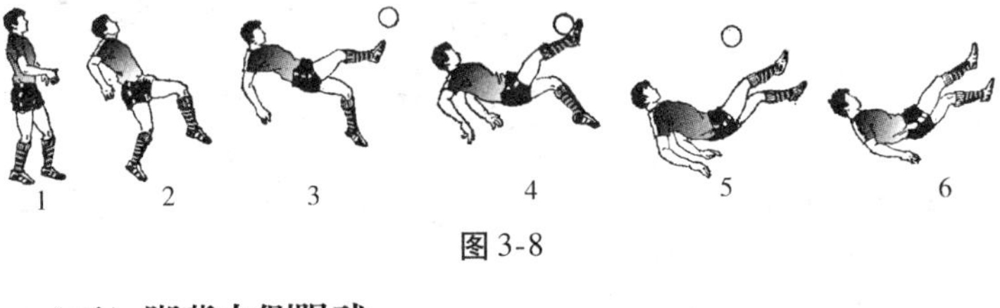

图 3-8

(三) 脚背内侧踢球

脚背内侧踢球时,踢球腿的摆动幅度大、摆速快、击球点多,且助跑方向、支撑脚站位相对灵活,所以出球的变化较多。在比赛中多用于中、远距离的传球和大力射门以及定位球的射门。

1. 踢定位球

斜线助跑,助跑方向与出球方向成45°角。支撑脚以脚掌外侧着地,踏在球的侧后方20厘米—30厘米处,膝关节屈,脚尖指向出球方向,身体稍向支撑脚一侧倾斜。在支撑脚着地的同时,身体顺势向出球方向转动,踢球腿以髋关节为轴,大腿带动小腿由后向前摆动。当膝关节摆至球的内侧正上方时,小腿加速摆动,脚尖稍外转,脚背绷直,脚趾扣紧,脚尖指向斜下方,以脚背内侧击球的中下部。踢球后,踢球腿继续随球向前摆动(图3-9)。

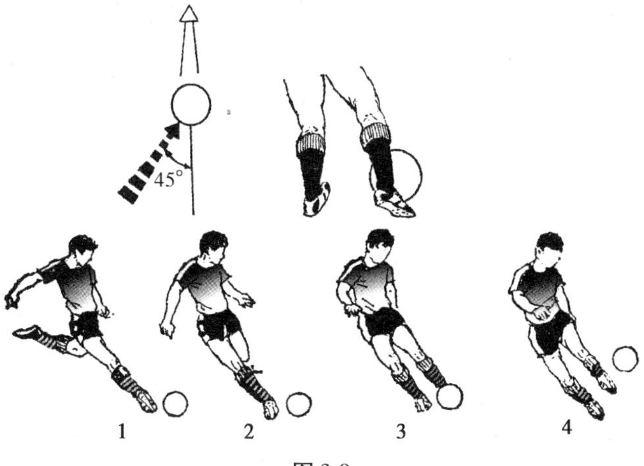

图3-9

2. 踢地滚球

脚背内侧踢地滚球时,无论球沿什么方向滚动,首要条件是必须明确出球的方向。在接近球的同时调整身体与出球方向的角度,使其保持45°角。踢球的动作方法与踢定位球基本相同,需要注意的是支撑脚须根据球滚动的路线调整踏地的位置。

3. 踢过顶球

动作方法基本与踢定位球相同。支撑脚踏在球的侧后方,踢球脚不必过于绷紧,踢球的后下部并有斜下切的动作。踢球后,脚不必随球前摆,使球产生向后的旋转,以控制球速,使球成抛物线缓慢下落。

4. 踢弧线球

踢弧线球的动作方法与踢定位球的动作方法基本相同。用脚背内侧踢球的后外侧,摆腿用力的方向不通过球的中心。在踢球的一刹那,踝关节用力向里转,脚微上翘,使球成侧旋并沿一定的弧线运行(图 3-10)。

图 3-10

踢弧线球在比赛中已经成为很有威胁的武器,如罚定位球、中前场边路的传中等。踢好弧线球并不是一件容易的事,必须经过长期反复的练习才能在比赛中给对手致命的一击。

英国的贝克汉姆是当今足坛罚任意球的顶尖高手之一,他是经过多年的苦练才造就了一脚任意球的绝活。在 2004 年欧洲杯英国对希腊的预选赛中,贝克汉姆一脚任意球直接得分,带来无可估量的价值。

(四) 脚背外侧踢球

脚背外侧踢球的动作方法与脚背正面踢球的动作方法相似。它除了具有脚背正面踢球的特点外,还具有踢球时脚腕灵活性较大和摆腿方向变化较多等优点,动作隐蔽性较强,出球的线路变化多端,对手不易判断。因此,现代足球运动积极提倡、大力发展和广泛运用这一项技术。比赛中常用于中、近距离的射门和传球以及“二过一”的配合,也可用于中、远距离的射门。

1. 踢定位球

脚背外侧踢定位球时，助跑、支撑和踢球腿的摆动基本上与脚背正面踢定位球的动作相同。在踢球腿的膝关节摆至球的正上方时，小腿加速摆动，脚尖内转，脚背外侧与地面垂直，脚面绷直，脚趾扣紧，以脚背外侧击球的后中部。踢球后，踢球腿随球继续前摆（图 3-11）。

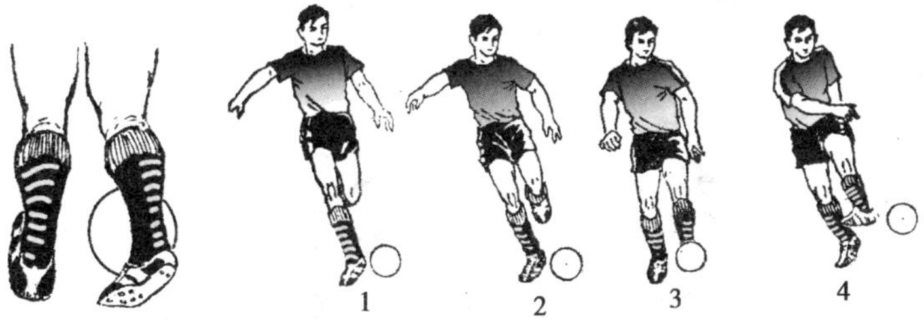

图 3-11

踢弧线球时，支撑脚踏在球的侧后方 15 厘米—20 厘米处，身体稍向支撑脚一侧倾斜。踢球的一刹那脚尖内转，脚面绷直，脚趾扣紧，以脚背外侧击球的侧后方，摆腿用力方向不通过球的中心。踢球后，踢球腿向支撑脚一侧的前上方摆出，以加大球的旋转力量。

2. 弹拨踢球

踢球腿以膝关节为轴快速侧摆或前摆，击球时，踝关节快速转动将球弹出。此动作幅度小，快速隐蔽，对手不易判断。

（五）脚尖踢球

脚尖踢球时，支撑脚踏在球的侧后方，击球时脚尖翘起，踝关节紧张并用力保持固定，以脚尖击球的后中部稍偏下的位置（图 3-12）。如果支撑脚离球较远时，踢球腿要屈膝前跨、送髋，在踢球腿落地前，用脚尖捅球的后中部（图 3-13）。

脚尖踢球动作幅度小，起脚出球较快，但脚触球的面积小，所以准确性较差。在比赛中多用于捅球,可以收到意想不到的效果。

图 3-12

图 3-13

脚尖踢球的经典战例就是 2002 年韩日世界杯半决赛巴西与土尔其的比赛中,罗纳尔多在左侧罚球区带球突破,突然一脚捅射得分,演绎了一个优秀运动员头脑与脚法的完美结合。

(六) 脚跟踢球

脚跟踢球是用脚跟部位将球踢到身体后面的踢球方法。

球在支撑脚内侧时,踢球腿自然前提跨到球的前方,然后以膝关节为轴,小腿突然快速后摆,踝关节紧张用力,以脚跟踢球的前中部将球向后踢出(图 3-14)。

球在支撑脚外侧时,踢球腿先自然前摆,当摆过支撑脚时,立刻向支撑脚一侧成交叉后摆,踝关节紧张用力,以脚跟击球的前中部将球向后踢出(图 3-15)。

图 3-14

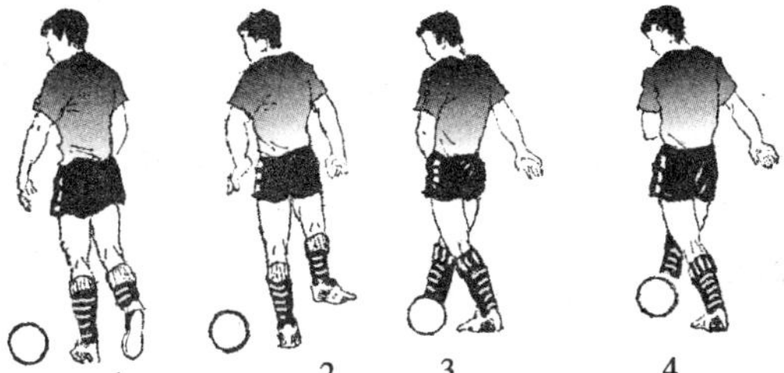

图 3-15

三、踢球动作的练习方法

（1）原地做大腿带动小腿摆腿踢球的模仿练习，然后再做向前跨步模仿踢球练习。

（2）踢固定球或实心球的练习。一人踩球前半部，另一人用不同的脚法做踢球练习。要求体会脚型和接触部位以及送髋的动作，但不要用力过猛。

（3）面对踢球墙做踢球练习。面向足球墙踢定位球进而连续踢地滚球。开始的时候距离可以近一点，力量小一点，然后距离远一点，并逐渐加大踢球的力量。再下来可以在足球墙上画一些目标，练习踢定位球的准确性。

（4）两人之间的踢球练习。两人相距 10 米—15 米进行踢球练习，可运用脚内侧、脚背正面、脚背外侧等脚法踢球。相对熟练之后，可以进行 25 米—50 米的中远距离传球，可运用脚背内侧、脚背正面等脚法传空中球。

（5）两人之间踢滚动中的球。

（6）两人一球面对站立，相距 20 米左右，进行踢弧线球练习。主要体会摆腿方向、击球点和摆腿用力相互之间的关系。

（7）两人相距 20 米左右，练习踢过顶球。熟练之后，可以踢滚动中的球，也可在两人之间放置一些中等高度的障碍物进行踢过顶球的练习。

（8）踢正面、侧面、侧前以及侧后方来的地滚球，进行射门练习。

四、踢球技术动作的运用

学习掌握了踢球的技术动作，还必须懂得在比赛中如何运用。衡量一个足球运动员水平的高低，主要是看他在比赛中合理运用技术的能力。下面简单地介绍一下在比赛中运用足球技术的方法。

（一）传球

（1）传近距离的地滚球、低平球，特别是凌空直接短传给附近同伴的球多用脚内侧传球的方法。脚背外侧也可作近距离的传球，而且比较隐蔽。

（2）远距离传球主要运用三种脚背部位传球的方法，即脚背正面、脚背内侧和脚背外侧。其中又以脚背内侧运用最多，因为这个部位踢球的变化较多，且较易控制球的高度、弧度和落点。

（3）传弧线球可以运用脚背外侧和脚背内侧踢球的方法。

（二）射门

远距离的射门可采用摆踢的方法。远距离的空中球、反弹球可采用抽击的方法。近距离的地滚球、反弹球可采用推击、弹击的方法。

罚任意球时,可采用脚背内、外侧的踢球方法,踢出内、外旋转球射门。

需要说明的是,足球比赛中技术的运用不是一成不变的,关键在于合理地运用。足球比赛是以结果来衡量的,过程再好看,负了还是无济于事。所以,在比赛中,只要是在规则允许的范围内,不管运用什么技术动作,能够得分才是最重要的。但是,只有练好基本功,才能够在比赛中做到运用自如、随心所欲。

第三节　接　　球

接球技术是指运动员在比赛中,有目的地运用身体的合理部位,将运行中的球接控在所需要的范围内。

尽管现代足球比赛对运动员一脚触球的能力要求很高,但是比赛也不是靠不停顿地直接传递来完成的。有时候在进攻战术的组合与变换中,要运用接球动作将球接控下来,进行节奏的变换与调整,从而进行更有效的战术配合。

接球技术动作主要由判断与选位、支撑脚的位置和接球方法组成。足球比赛中主要是通过缓冲和改变球的运行路线达到接球的目的,一般采用以下几种方法:迎撤、压推、切挡和拨转。

一、接球技术动作方法

接球技术以身体部位来区分可以分为脚部、腿部、腹部、胸部和头部五大部位的接球。在比赛中运用最多的是脚部,其次是腿部和胸部,腹部和头部运用较少。

(一) 脚内侧接球

1. 接地滚球

身体正对来球方向，支撑脚与来球方向一致，膝关节微屈，接球腿稍提起、屈膝外转并前迎，脚尖翘起。在脚内侧触球前的一刹那开始后撤，在后撤的过程中用脚内侧接触球，将球接在体前(图 3-16)。

图 3-16

将球接在体侧后方的方法：前面动作与上相同，当接球脚撤到支撑脚的侧方时，再继续以转体、展髋和接球脚外展将球停向侧后方，并以支撑脚为轴使身体转向出球方向。

为便于与下一个动作衔接，脚内侧接球也可运用切挡法。即接球时腿屈膝外转，上提大腿，脚底距地面略低于一个球的高度，然后大腿快速下切，以脚内侧与球的前沿相触，切后随即微上提，将球挡在体前并慢慢向前滚动(图 3-17)。

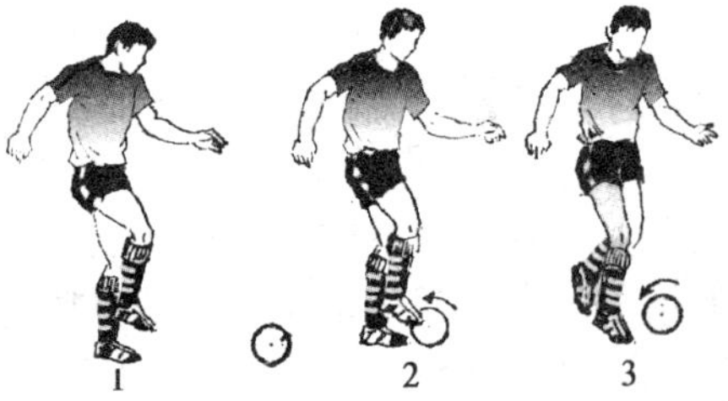

图 3-17

2. 接反弹球

准确判断球的运行路线和落点，支撑脚踏在球落点的侧前方，脚尖指向来球方向，屈膝，上体外转稍前倾。接球脚上提屈膝外转，脚尖翘起，小腿与地面成锐角（小于90°）。在球落地反弹的一刹那，用脚内侧轻轻推压球的中上部（图3-18）。

图3-18

3. 接空中球

判断来球的运行路线和落点，身体面对来球方向，接球腿上抬屈膝，脚内侧对准来球前迎，在脚内侧触球前的一刹那迅速后撤，把球停在所需要的位置上。当来球较平直有力时，接球腿上抬屈膝，触球前大腿积极下压，用脚内侧快速下切球的侧上部，将球接在所需要的位置上（图3-19）。

图3-19

（二）脚底接球

1. 接地滚球

身体面对来球，支撑脚踏在球的侧后方，膝微屈，接球脚屈膝上提，脚尖翘起，用前脚掌触球的中上部（图 3-20）。

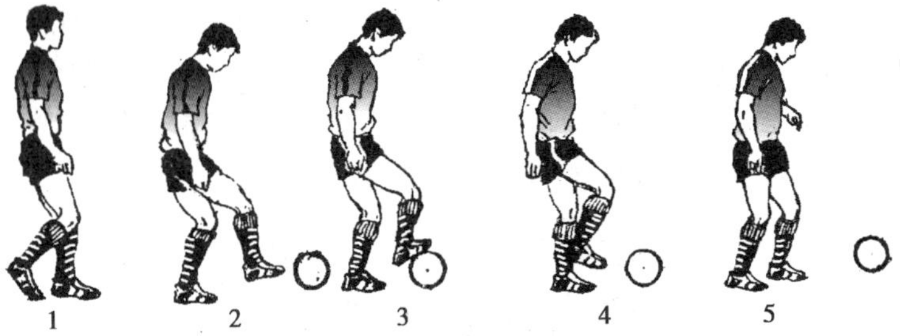

图 3-20

2. 接反弹球

判断球运行的路线和落点，身体面对来球，支撑脚踏在落点的侧后方，接球脚屈膝上抬，在球落地弹起的一刹那，用前脚掌触球的中上部，把球接在所需要的位置（图 3-21）。

图 3-21

（三）脚背外侧接球

脚背外侧接球多与转身相结合，若能与假动作结合起来使用则效果更佳，具有一定的隐蔽性。比赛中常用脚背外侧接地滚球和反弹球。

1. 接地滚球

接球脚稍提起，脚尖稍内转，以脚背外侧正对来球，用支撑脚的前侧方接触球的侧中部，并向外侧轻拨，把球接在侧前方或侧方

（图 3-22）。

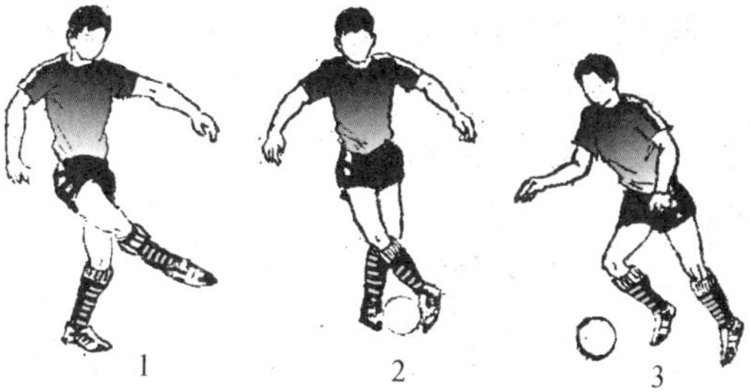

图 3-22

2. 接反弹球

准确判断球的落点，支撑脚站在球的侧后方，接球腿稍提起屈膝，脚尖内转，小腿与地面成锐角。在球落地反弹的一刹那，用脚背外侧触球的侧上部，将球接在体侧。

（四）脚背正面接球

身体面对来球方向，接球腿屈膝上抬，小腿稍前伸，以脚背正面向上迎球，在触球前的一刹那迅速下撤，大腿、膝和踝关节放松，用脚背正面将球接在体前（图 3-23）。脚背正面适合于接弧度较大的空中球。

图 3-23

（五）大腿接球

大腿接球适合于接弧度较大的高空下落的球，或平行于大腿高度的来球。

大腿在接低平球时，身体正对来球方向，大腿上抬，以大腿的中部对准来球。在大腿触球前的一刹那，迅速后撤，将球接在体前或下一个动作衔接所需要的位置上(图 3-24)。

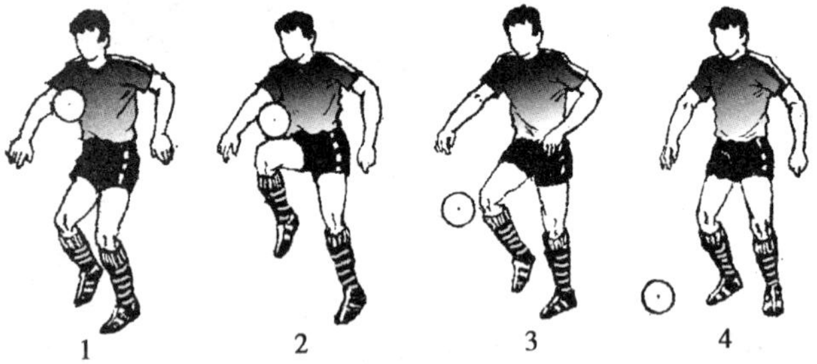

图 3-24

大腿在接高球时，身体面对来球，接球腿大腿上抬，大腿中部对准下落的球，在大腿中部触球前的一刹那，大腿迅速下撤，使球落在体前或下一个动作衔接所需要的位置上(图 3-25)。

图 3-25

(六) 胸部接球

胸部面积大，接触球的面积就大，而且位置高，所以能较早地控制住球。但是变化不多，只适合接空中高球。根据来球的高低和弧度的大小，可分别采用挺胸和收胸的接球方法。

挺胸接球动作方法：身体面对来球的方向，两脚前后或左右站立，膝微屈，上体后仰，含颚，双眼注视来球，两臂自然张开。当胸部触球前的一刹那，两脚向上轻轻蹬地，挺胸、憋气，使球的下部触胸并向上弹起，然后落于体前(图 3-26)。这种方法适用于接弧度较大的来球。

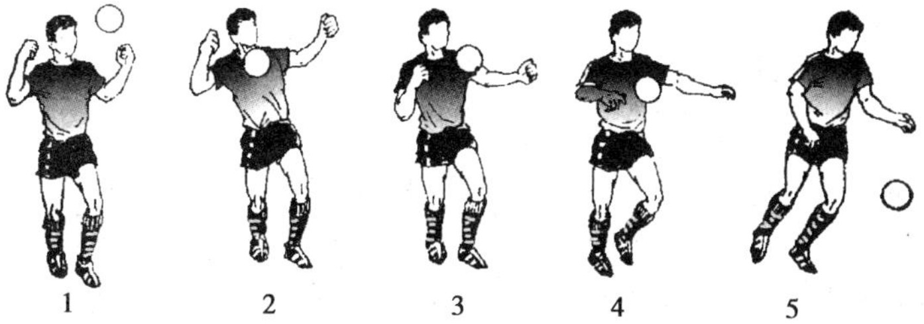

图 3-26

收胸停球动作方法：身体面对来球方向，两脚前后或左右站立，身体稍前倾，两臂自然张开。当胸部触球的一刹那，迅速收胸、收腹，缓冲来球的力量，将球接在体前(图 3-27)。

图 3-27

二、接球技术动作的练习方法

(一) 接地滚球的练习方法

(1) 无球的模仿练习。

(2) 两人相距 5 米—10 米，一人踢或抛地滚球，另一人练习。

(3) 面对足球墙做踢球练习时,结合接球的脚法练习接地滚球。

(4) 跑动中接地滚球练习。两人相距 5 米—10 米平行站立,跑动中接同伴传来的地滚球,再踢还给同伴,同伴再进行练习,如此反复。

(二) 接反弹球练习

(1) 自己向上抛球或向上踢球,然后判断落点用脚内侧、脚底、脚背外侧接反弹球,球向上的高度由低逐渐增高。

(2) 两人相距 15 米—20 米,一人向空中抛球或踢球,另一人结合各种方法接反弹球。

(三) 接空中球练习

(1) 自己抛出弧度较大的球,然后判断球的运行路线,用大腿或脚背正面接空中球。

(2) 两人相距 25 米左右,踢出平直球或抛物线较大的球,结合各种方法进行接空中球的练习。

三、接球技术动作的运用

(1) 接球前应观察周围的状况,以便将球接在所需要的位置上。

(2) 接球时可以结合假动作,使自己的意图更为隐蔽,便于摆脱对手的拼抢。

接球是变换和调整比赛节奏的一种手段,应该养成接球前观察场上的比赛情况的习惯,如果能够一脚出球的,尽量一脚出球;如果不能,则用接球进行调整。正如米卢所说:“接球前,想到的应该是下一个动作。”

第四节 头 顶 球

头顶球技术是指运动员在比赛中,为了争取时间,抢占空间,有目的地运用头的前额部位将球击向预定目标的各种动作的总称。

比赛中球常在空中运行,正确合理地掌握和运用头球技术可以获得制空权,并且在发动进攻中可以完成具有威胁性的直接传递,甚至能够直接破门得分。在防守时,运用头顶球可以阻截、抢断、破坏对方的传球,解除门前危机,直接由守转攻,争取时间上的优势,使比赛更加精彩。

一、头顶球技术动作分析

头顶球是运用头的前额骨部位(可分前额正面和前额侧面),以身体带动头部摆动击球。

头顶球技术一般由判断与选位、蹬地与身体摆动、头击球和随前动作组成。

(一) 判断与选位

判断与选位是正确完成头顶球的前提,它直接影响到头顶球的时间、方向、力量和准确性。判断是选位的基础,选位又直接影响击球的质量,所以在选位前两眼必须注视来球,对球的路线、性质作出准确的判断。选位必须考虑到动作的完成和完成的质量等各方面的因素,并根据来球的高度和弧线的大小,适当调整身体的姿势,以便选择头顶球的动作方法。

(二) 蹬地与身体摆动

蹬地在头顶球时具有两方面的作用:一是通过蹬地可以使身

体向上或前上方跳起；二是可以使身体加速向前摆动，从而增加击球的力量。

摆动主要是指身体和头部的摆动。它借助于腿蹬地的力量、腰腹肌肉的拉长与快速收缩而产生的力量以及颈部的灵活、快速的发力来敲击球，从而加快球的运行速度，改变球的运行路线以及弧度。

（三）头击球

头击球的正确部位应当是前额正面或前额侧面。根据出球的需要，可分别击球的后上、后中、后下部而顶出底、平、高球。头顶球的时候嘴巴不要张开，颈部肌肉紧张。

（四）随前动作

头顶球后，两眼还应紧盯球，身体应随球继续前移，这既能够增大击球的力量，又能够为下一个动作的衔接做好充分的准备。

二、常用的头顶球技术方法

（一）前额正面顶球

前额正面（图 3-28）坚硬平坦，触球的面积较大，容易控制出球的方向。

图 3-28

1. 原地顶球

顶球时预先选好位置，使身体正对来球的方向，两脚前后或左右开立，膝关节微屈，两眼注视来球。顶球前，腰部前挺，胸部上提，下颚平收，两臂自然张开，上体后仰，身体重心放在后脚上。顶球时，后脚迅速蹬地，上体由后向前摆动。在触球前的一刹那，两腿用力蹬伸，迅速收腹，颈部肌肉紧张，用前额正面触球的后中部，顶球后上体继续向前摆动（图 3-29）。

图 3-29

2. 跑动顶球

跑动中的顶球动作与原地顶球相似，但要求对来球的路线判断更为准确，在跑动中完成头顶球的准备姿势，在球顶出后，身体继续向前移动以保持身体的平衡。

3. 跳起顶球

(1) 原地跳起顶球

身体正对来球的方向，两脚左右自然开立，膝关节微屈，上体稍前倾，身体重心平均落在两脚上，两眼注视来球。起跳时，两脚用力蹬地，两臂由后向前上方挥臂，在身体上升的过程中，挺胸展腹，身体成背弓姿势，两眼注视来球，两臂自然张开，收下颌。当身体达到最高点准备顶球时，快速收腹，上体前摆甩头，颈部肌肉紧张，用前额正面触球的后中部。顶球后，两腿自然屈膝，用前脚掌着地(图 3-30)。

图 3-30

(2) 跑动中跳起顶球

跑动中跳起顶球一般多用单脚起跳,在跑动的过程中判断来球的路线和起跳的时机。起跳时,起跳腿迅速蹬地,两臂带动另一腿屈膝上摆,使身体高高向上跃起,成原地起跳顶球时在空中的动作。其他动作要求与原地跳起顶球的动作相同(图 3-31)。

图 3-31

(二) 前额侧面顶球

前额侧面部位也很坚硬,但面积较小,不易掌握出球的方向。因其动作突然,且能改变出球的方向,在对方球门前射门的威胁较大。

1. 原地顶球

两脚前后开立,与出球方向同侧的腿在前,两膝微屈,身体重心落在后脚上,上体和头向异侧倾斜并转体,两眼注视来球,两臂自然张开。顶球时,后脚用力蹬地,上体和头迅速向出球方向扭转,颈部肌肉紧张,屈体甩头,用前额侧面击球的后中部,并随球继续前摆(图 3-32)。

图 3-32

2. 跑动中顶球

跑动中顶球时，动作与原地基本相同，只是在跑动中必须完成判断与选位以及准备姿势，并在跑动中完成顶球动作。顶球后，身体继续向前移动以保持身体的平衡。

3. 跳起顶球

前额侧面跳起顶球也可分为原地起跳顶球和助跑起跳顶球两种。跳起动作与前额正面跳起顶球动作相同，起跳后上体要向出球方向的异侧转体侧屈，在跳到最高点顶球时，快速转体甩头，用前额侧面顶球的后中部。顶球后屈膝用前脚掌落地（图 3-33）。

图 3-33

（三）鱼跃头顶球

在遇到离身体较远的低平球而又无法及时移动到位的情况下，可采用鱼跃头顶球的动作方法，以解决门前危机或争取时间抢点射门。

鱼跃头顶球时，预先判断好来球路线和选择好击球点，以单脚或双脚蹬地，身体呈水平状态向前跃出，同时两臂自然前伸，两眼注视来球，利用身体向前跃出的冲力用前额正面顶球。顶球后，身体成背弓，两手前伸着地，然后屈肘胸部着地，接着腹部、大腿依次着地或侧转滚动着地（图 3-34）。

图 3-34

三、头顶球技术动作的运用

在足球比赛中，运动员为了获得时间和空间上的优势，经常用头部去处理球，所以头部也被称为人体的“第三只脚”。掌握头顶球技术，进攻时可以传球和射门，防守时可以抢断和破坏对方的传球。因此，头球技术在足球比赛中有着举足轻重的作用。

（一）头顶传球

头顶传球动作可分为摆击、敲击和“摆渡”等方法，在不同的情况下采用不同的动作方法和不同的传球路线。例如：在回传球时，要采用敲击的动作向下顶球，将球顶到接应队员的脚下；在门前抢前点射门时，如果没有射门的角度，可采用“摆渡”的方法蹭球，为同伴创造机会。

（二）头顶射门

据统计，在世界杯或欧洲杯这些大的比赛中，头球射门得分占总射门得分的24%左右。在对方中路防守严密的情况下，充分利用球场的宽度，从两边路向球门区附近传球，利用中路的抢点包抄，与对方争时间、争空间，有效发挥头球的技术优势，往往能得分奏效。所以，在采用长传冲吊的打法中，经常使用高中锋，当然也丰富了采用短传渗透打法队伍的进攻手段。在射门的时候也应根据不同的情况采用不同的射门方法。例如:来球较低较平时,可以用冲顶或鱼跃冲顶的方法;守门员站位靠前时,可以采用头顶吊射的方法。

四、头顶球技术的练习方法

(一) 原地头顶球练习方法

(1) 原地做无球的头球动作模仿练习。

(2) 两人一组,一人持球,另一人顶固定球。

(3) 自己抛球,然后用头顶球,体会协调用力的感觉。

(4) 两人相距 5 米—10 米,一人抛球,一人将球顶回给抛球之人,一定次数之后,互相交换。

(5) 两人或多人站成一定的形状,不间断地做头顶球,体会正面用力和侧面用力的方法。

(二) 跳起顶球的练习方法

(1) 无球状态下原地跳起顶球的模仿练习。

(2) 两人一组,一人抛球,另一人助跑起跳做头顶球练习。

(3) 边路传中,两人或多人在门前争顶射门。

(三) 鱼跃顶球的练习方法

(1) 俯卧撑地,然后体会身体各部位依次着地的感觉。

(2) 在垫子上进行半蹲跃起模仿鱼跃顶球的练习。

(3) 两人相距 3 米—5 米,一人抛球,一人做半蹲鱼跃顶球练习。

第五节 运球与运球过人

运球技术是运动员在跑动中,用脚的推拨动作有目的地使球保持在自己控制范围内而做的连续触球动作。熟练地掌握运球技术,可以变换进攻速度,调节比赛节奏,摆脱和突破对方的防守,为传球和射门创造良机。

一、运球技术动作方法

(一) 脚背正面运球

动作方法:身体放松,上体稍前倾,两臂自然摆动。运球脚提起时,膝关节弯曲,脚尖下指,在迈步前伸着地前,用脚背正面推拨球前进。

脚背正面运球动作与人的正常跑动姿势相似,适用于直线快速运球。

(二) 脚背外侧运球

动作方法:与脚背正面运球动作相似,当运球脚提起时,膝关节弯曲,脚尖稍内转并下指,在迈步前伸着地前用脚背外侧推拨球(图 3-35)。

图 3-35

脚背外侧可以做直线、弧线和变向运球,易于掌握运球方向,发挥人的奔跑速度、灵活性和柔韧性。

(三) 脚背内侧运球

动作方法:掩护运球时,身体放松,上体稍前倾并侧转,支撑脚在球的前侧方着地,膝关节微屈,脚尖下指稍外转,以脚背内侧推拨球的后中部。

脚背内侧运球动作幅度较大，通常用于掩护运球和改变运球的方向。在变向时，支撑脚在球的侧后方，并利用髋的扭转带动身体的转动而随球改变方向。

（四）脚内侧运球

动作方法：运球时，支撑脚始终位于球的侧前方，膝关节微屈，运球脚的异侧肩指向运球的方向，运球腿提腿屈膝，脚尖稍外展，用脚内侧推拨球（图 3-36）。

图 3-36

脚内侧运球姿势与人的正常走、跑的姿势不同，它是所有运球方法中最慢的一种。当对方贴身紧逼时，通常用于掩护运球。

二、运球技术动作的运用

运球技术在比赛中往往是与摆脱、突破、传球和射门紧密联系在一起的。但即使是最快速度的运球也比中等速度的传球要慢，所以运球必须有明确的目的性，否则会白白消耗体力，影响整体的进攻速度，贻误战机，甚至失去射门良机。

（一）运球要求

1. 养成运球抬头的习惯

在运球过程中应养成随时抬头的习惯，这样可以扩大视野，随时掌握攻防双方的情况，以便采取有效措施，组织战术配合。

2. 合理保持好人与球的距离

一般情况下,如果前面空当较大又无人阻截时,为加快推进速度,运球的力量可大些,人与球的距离可远点。而在前面有人阻截时,人与球的距离不超过1米为合适距离。

3. 要根据不同的情况选择不同的运球方法

有对手阻截时,可用脚背外侧或脚背内侧来改变运球的方向,或利用身体来掩护球。前面无人或空当较大时,可用脚背正面或脚背外侧快速运直线球。

(二) 运球时机

(1) 当突破对方的最后一道防线面对守门员时,如果距离对方球门较远,可以选择继续运球甚至巧妙避开对方守门员然后射门。

(2) 当在中后场断球后,如果对方中路的空当较大,可选择直接从中路向对方的腹地运球,给对方造成威胁。

(3) 在本方罚球区得球后,如果必须运球的话,应该向两侧运球,以免失误而造成对方破门得分。

当然,足球比赛场上的战况瞬息万变,没有固定模式,运动员必须多加练习,多打比赛以积累经验,才能对各种情况应付自如。

三、运球过人

(一) 运球过人技术分析

运球过人的方法很多,但就其动作过程而言可分为三个阶段:运球逼近对方、运球越过对方和摆脱对方继续前进。

1. 运球逼近对方

运球逼近对方时,身体重心要下降,步幅要小,动作的速率要快,出球的力量要轻,球要牢牢控制在自己范围之内,并随时观察周围的情况,以便选择传球或突破。

2. 运球越过对方

当运球逼近对方时，就得选择过人的方法。可以变换运球的动作并辅以假动作来迷惑对方，让对方产生错误判断而失去重心。

3. 摆脱对方继续前进

使对方失去重心之后紧密衔接下一个动作，改变运球方向或直接向前推进，摆脱对方，以免球虽越过对方而人却被挡在对方身后，或给对方转身追抢的机会。

（二）运球过人的技术方法

1. 拨球

拨球即用脚腕的扭拨动作，以脚背内侧或脚背外侧触球，将球拨向身体的侧前方、侧方、侧后方。在比赛中，一般遇到对方从正面抢截时，诱骗对方伸腿抢球而失去重心，然后从另一侧运球越过对方（图 3-37）。

图 3-37

2. 拉球

支撑脚在球的侧后方，另一只脚的前脚掌触球的上部或侧上部，在对方出脚抢球的一刹那，用前脚掌将球由前向后、由左向右、由右向左拖拉球，使对方抢球落空而失去重心，然后迅速将球推出，从另一侧越过对方（图 3-38）。

图 3-38

3. 扣球

扣球是运用突然转身和脚腕急转压扣地动作,以脚背内侧或脚背外侧触球,使球迅速停住或改变方向。由于扣球动作幅度小且较隐蔽,易于使对方失去重心,可在对方还来不及调整重心的情况下,加快推拨球动作而越过对方(图 3-39)。

图 3-39

4. 挑球

用脚背与脚尖翘起上挑的动作或用脚背上撩的动作，使球向上改变方向，从对方的身侧或头上越过。这种方法一般是在对方拼抢比较急的情况下使用，可使对方失去重心，使球突然向上运行。

四、运球与运球过人的练习方法

（一）练习步骤——由易到难

（1）从运球的部位上讲，一般是由脚背正面、脚背外侧、脚背内侧到脚内侧这样的顺序进行练习。

（2）从动作方法上讲，一般是先练习拨球、拉球、扣球等一些简单的动作，然后再综合练习。

（3）从运球线路上讲，一般按直线、曲线、曲直线结合运球和运球过人的顺序进行。

（二）练习方法

（1）一脚支撑，另一脚提膝踩球。原地进行左右脚连续交替踩球，并逐渐过渡到能够向前、后、左、右方向移动。

（2）慢跑中用单脚或双脚运直线球。

（3）慢跑中运直线球，然后突然变向，速度逐渐加快。

（4）用脚背内侧或脚背外侧连续地快速变向运球。

（5）用脚背内侧或脚背外侧连续地绕障碍运球。

（6）在固定的范围内，多人进行躲闪运球练习。

（7）为养成运球抬头的习惯，可以一边运球一边看教练给出的信号，然后快速作出反应。

（8）掩护运球。一人消极抢球，另一人用脚内侧掩护运球。

（9）一人正面消极抢球，另一人结合假动作进行运球过人练习。

（10）通过拉球、扣球的组合变向运球并结合射门练习。

需要说明的是，运球与运球过人必须反复不停地加以练习，才能做到熟能生巧，才能做到千变万化。像巴西球星小罗纳尔多的“牛摆尾”式过人，法国球星齐达内的“齐式回转”过人，令人赏心悦目、赞叹不已，这与他们长期苦练是分不开的。

第六节 抢截球

抢截球技术是指运动员在规则允许的范围内，运用身体的不同部位和合理的动作将对方控制的球截获为自己控制或破坏对方的控制球。

抢截球技术是一种积极性防守技术，是防守技术的综合体现。在比赛中要实现由守转攻或采用快速反击战术，要求所有队员都应熟练地掌握准确而有效的抢截球技术。

一、抢截球技术动作分析

抢截球技术动作包括抢球和截球，通常是由选位、判断与时机、抢截动作和抢截后衔接下一个动作四个环节组成。

（一）选位

抢球和截球的选位是有所分别的。抢球的目的是夺回控球权，而截球既有夺回控球权的目的，又有破坏和截获对方的传球的目的。抢球时得看准时机或利用身体的合理冲撞，夺得控球权，因此距对方不宜过远。截球时，既要注意对方的运球路线，又要注意对方的传球路线，可依据球距自己的远近而适当调整。

（二）判断与时机

抢截的成败关键在于判断。研究和了解对方，掌握对方的习惯和意图,及时准确地作出判断,才能抓住稍纵即逝的时机。抢截时机一般是在对方运球时脚触球或快要触球的一刹那,或是在球不在对方的控制范围内的情况下。

(三) 抢截动作

抢截动作的完成必须快速果断,可以根据来球的性质和状态进行选择,通过铲球、头顶球、踢球等技术动作来完成。

(四) 抢截后衔接下一个动作

抢截成功后意味着进攻的开始,如果没有下一个动作的衔接,必然造成组织进攻迟缓,甚至错失射门良机。

二、抢截球技术动作方法

(一) 截球

截球也可称为断球。它包括踢球、顶球、铲球和接球等技术动作。在比赛中,需要直接传球或破坏对方传球的,使用踢球、顶球和铲球等技术动作来完成;需要控制一下来改变比赛节奏的,则使用接球技术动作来完成。在截球时还应该做到:

(1) 对对方的传球路线要有预见性和判断力;

(2) 对对方的传球时机以及球的落点要有准确的判断能力;

(3) 截球时动作要果断、勇猛,不动则已,一动就争取成功。

(二) 抢球

抢球包括正面抢球、侧面抢球和侧后抢球。

1. 正面抢球

动作方法:两脚前后开立,膝微屈,重心下降落于两脚之间,面向对方。当对方运球脚触球后即将着地或刚着地时,支撑脚立即用力蹬地,抢球脚跨步向前,以脚内侧正对着球,支撑脚迅速跟上,身体重心移至抢球脚。若双方的脚同时触球,抢球脚顺势向上提拉,使球从对方脚背滚过,同时人要迅速跟上,控制好球。如离球稍远，可以用脚尖将球捅掉（图3-40）。

图3-40

2. 侧面抢球

动作方法：当与对方并肩跑动时，身体重心下降，同时将准备和对方接触的手臂紧贴自己的身体。当对方靠近自己一侧的脚离地时，用肘以上肩以下的部位去冲撞对方相同的部位，使其失去平衡并离开球，乘机将球控制在自己的脚下（图3-41）。

图3-41

3. 侧后抢球

侧后抢球主要是通过铲球的技术动作来完成的。铲球的技术难度较大，一般是在用其他的方法完成不了抢截的任务时，才使用铲球技术。在实施铲球动作时，铲球脚必须贴着地面滑行而不得离开地面。侧后抢球在使用铲球动作时，可分为同侧脚铲球和异侧脚铲球两种方法。

（1）同侧脚铲球

当对方触球后不能马上再次触球时，抢球者的异侧脚用力蹬地成跨步，同侧脚的脚外侧沿地面向前外侧滑行，同时向外摆踢，用脚背或脚尖将球踢出或捅出。然后，小腿外侧、大腿外侧和臀部依次着地(图3-42)。

1　　2

图3-42

（2）异侧脚铲球

在对方推拨球的一刹那，抢球者同侧脚用力蹬地成跨步，异侧脚以脚外侧沿地面向前内侧滑去，用脚底将球蹬出。然后，小腿外侧、大腿外侧和臀部依次着地(图3-43)。

1　　2　　3

图3-43

三、抢截球技术的练习方法

（1）两人一球，一人运球，另一人跨步用脚内侧抢球。还可以和提拉球动作结合练习，体会抢球时机及触球部位。两人轮换练习。

(2) 两人相距3米—5米面对站立,球置于中间,听到信号后,两人上去抢球。

(3) 两人一组,一人运球,另一人从侧面合理冲撞抢球。

(4) 铲球模仿练习。可以先做无球的练习,从原地过渡到跑动中。然后做有球的练习,从原地过渡到跑动中。

(5) 两人一组,一人运球,另一人做各种铲球练习,然后交换。

第七节 掷界外球

掷界外球是指运动员在比赛中,按规则的规定和要求,有目的地用双手将球掷入场内的动作方法。

一、掷界外球在比赛中的重要性

在一场足球比赛中,掷界外球的机会是很多的。掷界外球作为任意球战术的一种,具有快速、灵活多变以及易于掌握的特点,而且掷界外球的时候不受越位规则的限制,所以在整个战术体系中有着重要的作用,尤其是前场的界外球。

在当今的足球比赛中,往往可以看到在发前场的界外球时,可以直接将球发到对方的球门区附近,对对方造成很大的威胁,甚至可以助攻得分。

二、掷界外球的动作方法

(一) 原地掷界外球

动作方法:身体面对出球方向,两脚前后或左右开立,膝关节微屈,上体后仰成背弓,两手自然张开,拇指相对、屈肘,持球的侧后部置于头后。掷球时，双脚（或后脚）用力蹬地，收腹摆体、挥臂、屈腕，迅速而有力地将球向预定的目标掷去（图3-44）。

图3-44

（二）助跑掷界外球

动作方法：助跑时，双手持球于胸前，在最后一步助跑踏地前，双手持球于头后，身体成背弓，掷球动作与原地掷界外球动作相同。

掷界外球是全身协调用力的动作，应该充分发挥腿部、腹部、手臂和手腕的力量以及各部位发力的顺序。掷界外球必须遵守足球比赛的规则。

三、掷界外球的练习方法

（1）持球做掷界外球的模仿练习。主要练习并掌握掷球的正确姿势。

（2）近距离掷球练习。

（3）远距离掷球练习。

（4）掷准练习。

第八节　守门员技术

守门员技术是指守门员在比赛中运用身体的合理部位所采取的有效防御动作,或接球后所做的有助于本队进攻的动作方法。

守门员处于比赛中的最后一道防线,主要任务是力保球门不失。同时,在截获球之后,成为发起进攻的组织者。这就要求守门员要善于观察全局,分析比赛的动向,协助指挥本队的防守和进攻。

一、守门员技术动作方法

守门员技术有选位、准备姿势、移动、接球、扑球、拳击球、托球、掷球和踢球。

(一)选位

在对方射门时,守门员始终应站在球与球门线中点的连线上。在对方远射时,要稍向前站;对方近距离射门时,应该果断上前封堵对方的射门角度。

(二)准备姿势

两脚分开与肩同宽,膝关节自然弯屈内扣,脚跟稍提,重心落在两脚之间,上体稍前倾。两臂微屈置于胸前,手指自然张开,掌心向下,两眼注视来球(图3-45)。

图3-45

(三)移动

移动一般采用侧滑步和交叉步两种步法。

侧滑步:以向左侧滑步为例,向左侧滑步时,首先左脚抬起稍离地面,右脚用力蹬地的同时,左脚向左跨步并积极落地,右脚在左脚落地的同时迅速沿地面滑动跟上成准备姿势,两眼注视来球(图 3-46)。

1 2 3

图 3-46

交叉步:以向左侧做交叉步为例,身体先向左侧倾斜,同时右脚用力蹬地并迅速向左前方跨步成交叉步,然后左脚向左侧移动,右脚和左脚依次快速移动,并蹬地跃起。

(四) 接球

接球是守门员最主要的技术,它包括接地滚球、接平直球和接高球。

1. 接地滚球

一般采用直腿式和单腿跪撑式两种方法。

直腿式:接球时,两脚分开约一拳左右,脚尖正对来球,两膝伸直。上体前屈,两臂自然下垂并肘前迎,两手小指靠近,掌心向前。在手指触球的刹那,随球后引并屈肘、屈膝,将球抢于胸前(图 3-47)。

1 2 3

图 3-47

单腿跪撑式：接球时，两脚前后侧开立稍比肩宽，身体正对来球，前脚脚尖稍外展，脚跟和后脚尖约成一条直线。前腿屈膝，后腿内转跪撑，上体前屈，手臂下垂，手掌对准来球并前迎，在手触球的一刹那，两手随球后撤并屈肘、屈腕，将球抢于胸前（图 3-48）。

图 3-48

2. 接平直球

平直球大体可分为两种：一种是球在腹部高度；一种是球在胸腹之间的高度。

接腹部高度的球：身体正对来球，眼睛紧盯来球，两臂前平伸，两手手指尽量分开，小手指斜相对成八字形。在球接触手掌的同时，两臂沿体侧屈肘后撤、屈腕、收腹、压胸，将球抱在胸前（图 3-49）。

图 3-49

接胸腹之间高度的平直球：身体正对来球的方向，两臂前伸，肘关节稍屈，两手手指尽量分开，两大拇指斜相对成八字形正对来球。在球触手的同时，屈肘后撤小臂，缓冲球的力量，待球接稳后，肘关节内合，腕关节内转，两手顺着球的横轴向前迅速滑动，同时屈肘、屈腕、压胸，将球抢于胸前（图 3-50）。

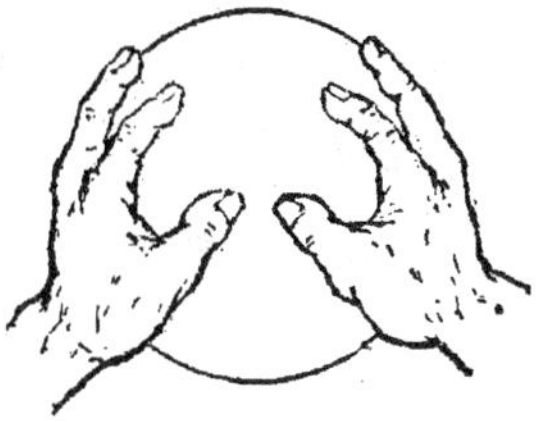

图 3-50

3．接高球

判断好球的运行路线并确定接球点，迅速移动并起跳，两臂上伸迎球，手指自然张开，手掌对球，两手拇指相对成八字形。当手触球的一刹那，手指和手腕适当用力将球接住，同时屈肘，回缩并下引，顺势翻掌将球抢于胸前（图 3-51）。

图 3-51

（五）扑球

扑球是当对方将球射向球门，守门员不能用原地、跳起或移动防守位置的方法去接球时运用的扑起技术。

1．扑两侧的低球

在扑右侧的低球时，左脚迅速蹬地，右腿屈膝向右侧跨出一步，身体向右侧倒，右脚着地后，随之小腿、大腿、臀部、上体和手臂的外侧依次着地，同时两臂向球伸出，右手掌心正对来球，左手在右手前侧上方，两拇指靠近，手腕稍向里弯，触球后把球收回胸前，然后迅速站起（图 3-52）。

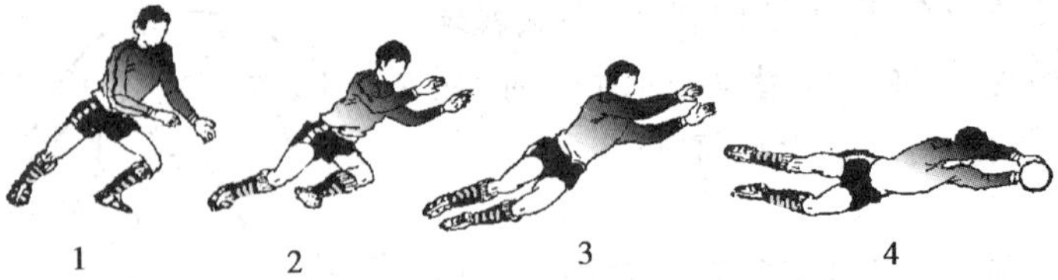

图 3-52

2. 鱼跃扑侧面地滚球

当球距守门员较远时,守门员两膝弯屈、身体重心下降,在身体向扑球方向侧倒的同时,同侧脚用力蹬地跃出,身体展开,两臂自然伸出,两手拇指靠近,掌心对球,向球扑去。当手触球时,手指和手腕用力,以屈肘、扣球、向球扑去。当手触球时,手指和手腕用力,以屈肘、扣腕的连续动作将球抱于胸前,同时屈膝团身。落地时两手按球,前臂、肘、肩部、上体侧面、臀部、大腿、小腿依次着地(图 3-53)。

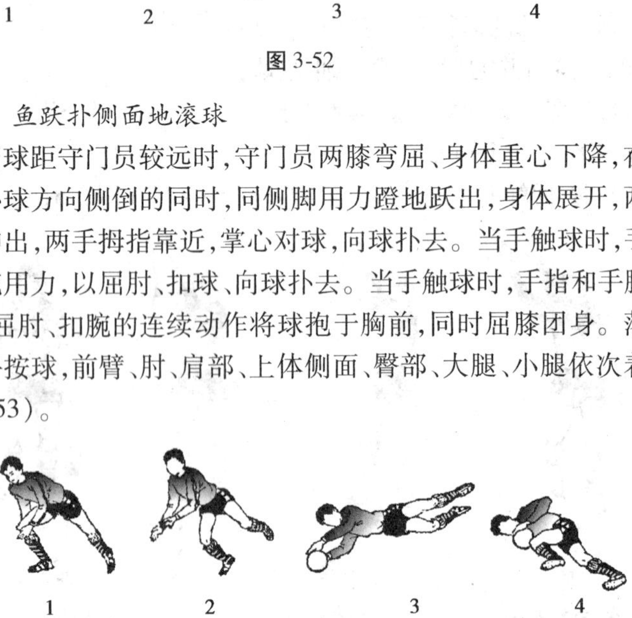

图 3-53

3. 扑侧面平高球

扑侧面平高球时,身体重心偏向靠近球一侧的脚上,同时该脚用力蹬地向侧面跃起,身体展开,两臂向球伸出,两手拇指靠近,手指自然张开,手掌对球。当手触球时,以扣腕动作将球接住。落地时,以两手按球,前臂、肩部、上体侧面和下肢依次着地,同时屈膝时转腕翻掌将球抢于胸前,并屈膝团身(图 3-54)。

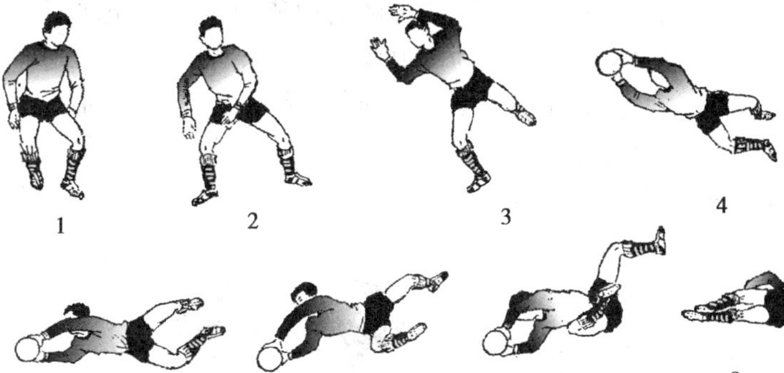
1　2　3　4　5　6　7　8

图 3-54

4. 扑接脚下球

当对方运球逼近球门准备射门时，守门员要勇敢、沉着和善于判断。要果断前迎，缩小对方射门角度。扑球时，两腿弯屈，重心下降，上体前倾，后脚用力蹬地，前腿向前跨出，身体向侧倾倒，两臂团身，将球抢于胸前。

（六）拳击球和托球

当对方的射门快而有力并且较高，球门附近情况又比较混乱时，守门员不容易将球接稳，可运用拳击球或托球的方法将球击出危险区。

（1）拳击球

拳击球有单拳击球和双拳击球两种方法。

1　2

图 3-55

单拳击球：屈肘握拳于肩前，身体跳起接近来球。在击球的刹那，快速冲拳，以拳面将球击向预定的目标或击出危险区（图 3-55）。

单拳击球的动作灵活,守门员的活动范围较大,击球点高,击球的力量大,多用于击两侧的传中球或高吊球。

双拳击球:两臂屈肘握拳于胸前,两拳并拢,拳心相对。当守门员跳起接近最高点时,双拳快速击出,以拳面将球击向预定的目标或击出危险区(图3-56)。

图3-56

双拳击球的特点是触球的面积大,准确性较高,多用于击正面的高球或平高球。

(2) 托球

托球是在来球弧度较大,落点基本在球门的横梁附近,守门员需要跳起或后仰跳起接球且把握性不大的时候运用。托球时,托球臂快速向上,掌心向上,用手掌的前部触球并向后上方托起,将球托过球门横梁(图3-57)。

图3-57

(七) 掷球

当守门员得球后,为了争取时间快速发动反击,常常采用手掷球的方法,且手掷球准确性较高。掷球有单手肩上掷球、单手低手掷球和勾手掷球等方法。

1. 单手肩上掷球

两脚前后开立，屈膝，单手持球屈臂于肩上。掷球时，持球手臂后引，身体随之侧转，重心移至后脚上。利用后脚蹬地、转体、挥臂和甩腕的力量将球掷向预定的目标(图3-58)。

图3-58

2. 单手低手掷球

两脚前后开立，屈膝，单手持球于体侧。掷球时，持球手臂后摆，身体随之侧转，重心移至后脚上。利用蹬地、挥臂、甩腕和手指拨球的力量将球掷向预定的目标(图3-59)。

图3-59

3. 勾手掷球

两脚前后开立，身体侧对出球方向，单手持球后引，臂微屈的同时重心移至后脚上。掷球时，后脚用力蹬地，同时转体，重心由后脚移至前脚。当持球手臂由后经体侧沿弧线摆至肩上时，再用手指和手腕的力量将球掷向预定的目标。球掷出后，整个动作保持惯性继续向前，维持身体的平衡(图3-60)。

图 3-60

当接应队员离守门员距离较远时，一般采用勾手掷球的方法。

(八) 抛踢球

抛踢球的方法在比赛中也常被守门员使用。当本队队员基本上在中前场时，多使用抛踢球的方法。抛踢球又分为踢自抛的空中球和踢自抛的反弹球两种方法。踢球的方法与脚背正面踢球的方法相同。

二、守门员技术的练习方法

接球技术应当作为守门员技术的核心加以练习，其他技术动作的训练都应围绕接球技术的训练来进行。从守门员接球的状态来看可按先静止后移动、先正面后两侧、先原地后跳起的顺序进行。从动作难易的程度来看，可按平高球、低平球、地滚球和高空球的顺序进行。

(一) 准备姿势和移动步法的练习

准备姿势和移动步法的练习，可以根据教练员给出的信号进行前、后、左、右的移动练习。

(二) 接球练习

(1) 原地接同伴手抛、掷来的平高球、低平球等各种不同性质的来球，然后过渡到接同伴用脚踢来的不同性质的来球。

（2）移动当中接各种不同性质的来球。

（三）扑球练习

（1）在较柔软的地面或垫子上进行扑球的模仿练习。

（2）扑同伴手抛或掷来的平直球、地滚球。

（3）扑同伴脚踢来的平直球、地滚球。

（四）拳击球和托球练习

（1）跳起拳击或托同伴用手抛来的高球。

（2）跳起拳击或托边路以及正面来的传球。

（3）在有人干扰的情况下，跳起拳击或托边路以及正面来的传球。

第四章　足球战术

足球战术是指在足球比赛中为了战胜对手，根据主客观情况所采取的个人行动和集体配合的组织方法与组织形式。

足球战术又分为进攻战术和防守战术两大体系，它们既互相制约又互相促进，是一种对立统一的关系。它们都包含个人战术、局部战术和集体战术。个人战术和局部战术是集体战术的基础，必须服从集体战术的需要；而集体战术又是个人战术和局部战术的体现。

第一节　战术原则

在比赛中要以攻破对方球门而确保本队球门不被攻破为总原则，根据对手的实际情况而制定的进攻战术和防守战术原则才是科学实用的。

一、一般战术原则

（一）攻守兼备的原则

现代足球比赛攻防转换加快，对抗更加激烈，这就要求在制定战术的时候必须考虑到攻守平衡。如果只考虑进攻而忽视了防守，必然会被对手有机可乘；如果只考虑防守而不能组织有效的进攻，最终不能取得胜利也是枉然。所以，必须根据实际情况处理好进攻与防守两者之间的关系，才能在比赛中取得好成绩。

（二）创造优势的原则

足球比赛实际上是限制与反限制的较量，必须以己之长克敌之短，充分发挥自己的优势并限制对方的长处。而且无论是进攻还是防守，要尽量保持人数上的优势，做到以多打少，以多防少。

（三）以快制胜与掌握比赛节奏的原则

现代足球比赛的节奏越来越快，争夺越来越激烈。在对方丢球且防守还不到位时，必须发动快速进攻，攻其不备；在本方进攻丢球时，必须快速回防到位，不给对方可乘之机。但是，在比赛中一味地求快也是不明智的。比赛中速度加快的同时失误必然增多，必须根据对方攻防的特点来相应地改变和控制比赛的节奏，掌握好反击与突破的机会，合理地分配体力，掌控比赛的局面。

（四）安全、冒险与机动灵活相结合的原则

在比赛中本方罚球区附近属于危险区域，在此区域处理球的时候必须谨慎，坚持安全第一，不允许轻易冒险。而在对方罚球区附近则可以即兴发挥，创造一切射门和突破的良机，对对方球门形成威胁，直至破门得分。当然，足球比赛并不是一成不变的。这就要求教练员和上场比赛的队员有较强的比赛应变能力，在熟练掌握基本原则的基础上，机动灵活地变换战术，改变打法，出其不意地克敌制胜。

二、进攻与防守的战术原则

（一）进攻战术原则

在比赛中，一次完整的进攻是由组织发动、突破防线和拼抢射门区三个过程构成的。当然，每次进攻不总是完整的，进球的因素也各不相同。

1. 组织进攻

在比赛中只有有效地组织进攻，才能突破对方的防线，创造射

门的机会,因此应力求做到:

(1) 发动进攻要快: 防守队员一旦抢截到对方控球,应该乘对方还没有组织好防守,尽快将球传给占有有利位置的前锋。如没有传球机会,就应该力争不丢球。

(2) 迅速接应: 是指快速接应本队控球的队员,以便打破对方的盯人防守,是组织进攻的重要手段。

(3) 保持纵深和宽度: 简单地说就是形成一个有层次的队形,即有人拉开、接应、切入,但不站在一个平面。

2. 突破防线

进攻是否有威胁,关键在于能否制造空当形成突破,到达可射门的区域。

(1) 制造空当: 通过两边和前后拉开制造并利用空当,才能造成有效的突破;制造的空当越多,形成的攻击点就越多,进攻就越有威胁。

(2) 向前传球: 在进攻中一旦形成了向前传球的空当和时机,控球队员就应该快速将球传至防守者的身后,力求以最少的传球次数达到射门的目的。

(3) 机动灵活: 进攻时还必须根据场上的实际情况,机动灵活地改变进攻的速度、方向、位置、区域、节奏等。

3. 拼抢射门区

在比赛中,越接近对方的球门,防守就越密集,争夺就越激烈,进攻队员只有在拼抢中才能获得射门机会,才能有效展开进攻。因此,一要敢于进行"冒险性"传球和突破。在对方罚球区附近,防守密集,所以控球队员必须抓住一切有利时机,大胆果断地利用对方狭窄的空当,进行传球和突破。二是要善于抓住射门时机。进攻队员在射门区,不要放过一切可能的射门机会。

4. 攻中待守

本队在进攻时,虽然主要的任务是射门得分,但是也应该注意防守，以防止控球队员运球或传球时被对方防守队员抢断，让对方得到快速反击的机会。因此应注意以下两点：

（1）要有人从后面接应控球队员，这一是进攻的需要，二是一旦控球队员丢球，接应队员能立即上去逼抢对方。

（2）进攻中，当中后场的队员插上时，一定要有人弥补其留下的空当。

（二）防守战术原则

1. 延缓对方的进攻速度，迅速回位布防

在本队失球的瞬间，每个队员应选择有利的防守位置。已经攻入对方前场的队员，迅速就地反抢，紧逼对方控球队员，不给对方快速反击的机会，为同伴的防守争得时间。在同伴延缓对方的进攻时，所有防守队员都应该立即回防，尤其是插上助攻的中后场队员必须抢先回防到位，缩短防守阵线，保持防守纵深，组织中场紧逼，为重新获得进攻机会创造条件。

2. 防止突破，封锁射门区

在防守时，中前场的紧逼失效后，应立即收缩防区，前面的队员对附近攻方的有球队员进行围抢，封堵对方向前传球的路线，逼迫对手回传或横传球；后面的队员注意保护与补位，保持防守的适当距离（即纵深），并密切注意对方插上进攻的队员。

当对方进入射门区时，防守要力争人数上的优势，实行全面盯人，封堵和围抢控球队员，特别注意对方中后场前插的助攻队员，不给对方起脚射门的机会，同时注意避免不必要的犯规。

3. 守中待攻

（1）前锋丢球后就地反抢，不仅可以延缓对方的进攻速度，而且一旦得球就形成有威胁的进攻机会。

（2）对方刚得球组织进攻时，在对方的进攻阵形拉开之前，迅速组织中场紧逼防守，把对方的进攻限制在有限的范围之内，缩小对方配合的范围，为重新获得进攻机会创造条件。

三、个人战术原则

（1）每个队员（包括守门员）得球后必须立即发动新的进攻，失球后必须立即担负起防守的职责。

（2）传球后应该立即跑位接应和支援同伴，射门后要跟进，以便补射。

（3）前迎接球，不要原地等球。接球后，应迅速进行下一个动作，合理选择传球或运球时机。

（4）运球和传球的目的要明确，决不盲目运球或传球，并力争不失去控球权。

（5）防守中遇到可以截获或破坏的球，决不让球越过自己。

（6）要让球始终处于自己的视野范围之内，并随时注意场上的情况，包括进攻队员和防守队员的位置。

（7）对待空中球，力争拼抢第一点，争取第一时间和空间，用合理的技术处理球。

四、个人进攻战术

任何战术配合和全队的攻守战术，都是由一系列个人战术行动组成的。队员个人战术与足球意识及技术密切相关，个人战术是局部战术与整体战术的基础，个人战术水平的高低直接影响着局部和整体战术水平的质量。

个人进攻战术包括：传球、摆脱与跑位、运球过人、射门。

（一）传球

传球是队员在比赛中有目的地将球踢给同伴或踢向预定的方位。传球是集体配合的基础，是完成战术配合、创造射门机会的主要手段。在比赛中选择传球目标、掌握传球时机和控制传球的力量与落点，是衡量战术意识和传球技能的重要方面。

1. 选择传球目标

传球的目标一般有两个:一是向同伴的脚下传球;一是向有利于同伴的空当传球。传球目标的选择顺序是:一是向前面空当传球;二是向前面的同伴传球;三是转移传球;四是回传球。也就是说,当进攻队员控制球时,首先要观察场上情况,然后根据同伴或防守队员所处的位置,将球传到防守队员的身后,或做传球的假动作。即使在转移传球的时候,传球的方向也应该是同伴移动路线的前面,这样才能选好传球目标。

但是在实际比赛中,为了撕开对方的防线,掌握比赛的节奏,通常要做一些必要的横传球或回传球。在迂回传球中,通过前卫和锋线上的穿插,寻找机会和空当进行射门。

2. 掌握传球时机

比赛中能否把握传球时机直接影响到进攻的质量。传球的时机可分两种:一种是传球在前,跑位在后,通过传球指引跑位路线;一种是跑位在前,传球在后,跑位促使传球。这两种传球时机的掌握,都需要队员经过长期的训练形成默契。否则传球早了,同伴没法得球;传球晚了,传球的线路就会被对手堵死,或同伴接球时已处在越位位置。

3. 控制传球的力量与落点

传球要落点准确,并根据接应同伴的距离远近控制球运行的弧线和力量。一是在对人传球的时候,最好传快速的地滚球;二是在向空当传球的时候,需控制好球速和旋转,做到球到人到;三是当地面传球空当被对方堵塞,但防守队员身后有空当时,传过顶球,传球时必须控制球运行的弧线和落点;四是在转移传球时,要求传球快速、突然、力量稍大,使对方出其不意。

4. 传球时应注意的问题

(1) 力争向前传球。特别是长传球,只有向前传球才能快速通过对方的防线。

(2) 争取直接传球。也就是我们通常所说的"一脚触球"。直接传球不仅是提高传球速度的有效方法,而且能促使队员养成接球前就观察场上情况的习惯,同时也能使同伴迅速摆脱对手接应传球队员。

(3) 努力创造传球空当。在被对方紧逼的情况下,通过同伴的互动,控球队员利用假动作,创造传球的空当。当攻守队员在一侧时,应及时转移传球方向。

(4) 传球前尽可能隐蔽自己的意图,力争快传球,少运球。特别是在本队的后场,要少运球或不运球,这样既可以减少危险,又可以为快速反击赢得时间。

(5) 遇风雨天比赛,顺风少直传、长传和高传,传球的力量也应比平时小一些;逆风时多传低球,力量要比平时大些;下雨地面湿滑,多向脚下传球;场地泥泞,少传地滚球。

(二) 摆脱与跑位

摆脱就是通过变速、变向和假动作甩开对手对自己的看守。

跑位是指比赛中队员在无球的情况下,通过有意识的跑动,为自己和同伴创造进攻机会,从而直接或间接地威胁对方的球门。

摆脱常常采用突然起动、冲刺跑、急停、突然变向、变速和假动作等方法。实际上摆脱就是为了跑位,为跑位创造有利的条件。

常用的跑位方法有:突然起跑、变速跑、变向跑等。跑位的目的是接应、拉开、牵制、切入、突破等。跑位战术的主要内容是:敏锐地观察、选择跑位方向、把握恰当的跑位时机和具有明确的目的性。

(三) 运球过人

运球过人是进攻战术中极为重要的内容,它能够发挥个人的技术特长和智慧,丰富全队的战术打法。运球过人是调动、扰乱对方防线,创造传球空当,破除密集防守,获得射门机会的有效手段。

在比赛中应以传球配合为主,运球过人为辅,两者有机结合,

才能取得良好的效果。所以,在比赛中必须注意下列因素:

1. 运球过人的时机

这是决定运球过人能否成功的关键因素。可以根据对手的意图或行动,采取有效的战术行动以影响防守队员的身体重心,利用防守队员身体向前、向两侧移动的一刹那,或在移动中的短暂停顿,合理有效地运用过人动作,突然、快速地越过对手。

2. 运球过人的距离

所谓运球过人的距离就是指运球接近防守队员做动作时的适宜距离,一般掌握在一大步左右。因为在这样的距离内,虽然防守队员能够触到球,但却不能先于运球队员触到球。在防守队员伸腿抢球而发生重心偏移的情况下,快速地运用过人动作越过对手。

3. 速度和方向的变化

速度是指运球越过防守队员时,掌握运球快慢的变化;方向是指通过向前、后、左、右的方向运球来调动防守队员的重心,然后向对手重心移动的反方向运球。只有熟练地掌握球的速度和方向的变化,才能根据对手争抢时重心的移动,准确地掌握越过对手的时机。

(四) 射门

射门是一切战术配合的最终目的,是得分的唯一手段,是攻防双方争夺的焦点。要想保证有效射门,须做到:

1. 要有强烈的射门欲望,抓住一切射门机会

作为场上的任何一名队员,都要有射门得分取得胜利的信心。所以必须随时观察场上的情况,根据来球的落点、速度和防守队员及守门员所处的位置,采取快速起动抢点、运球突破、寻求配合,抓住防守出现的空隙,果断起脚射门。

2. 要敏锐观察,沉着冷静

射门时绝不能急躁慌张、仓促起脚,要冷静观察守门员的站位,采取合理有效的射门方法,争取破门得分。特别是遇到单刀球

时,要冷静观察守门员所处的位置,利用假动作骗过守门员或利用守门员向前移动而不易改变方向时起脚射门。如果守门员已经封住了角度,应不要硬射,应机智地进行摆脱,待有机会再射。或传给前来接应的同伴,为同伴创造射门的机会。

3. 采用合理的射门方法

所有的射门并不是一味地强调力量。当守门员站位在球门中央时,应向两侧射门;当守门员封近角时,应踢出弧线球往远角射;当远射时,应射球门的两个上角;当守门员站位靠前时,可采取吊射的方法;当守门员上前封堵扑脚下球时,可采用搓踢的方法射门。

如何采用合理的射门方法,必须经过反复练习和比赛来积累经验,才能在比赛中正确应付千变万化的战况。

五、个人防守战术

个人防守战术包括:选位、盯人、抢截、守门员防守等。

(一) 选位

选位是指防守时选择占据合理的防守位置。一般防守的位置是处在被防守者与本方球门中心所构成的直线上,与对手的距离要根据场上的具体情况而定。防守时,要做到人球兼顾,绝不能让对手离开自己的视野范围。

在丢球回防的时候,在侧翼的队员应向近侧门柱附近回收,中间的队员向发球点附近回收。要随球与对方进攻队员的位置变化而移动防守位置,使自己始终处于对手与本方球门之间的位置上。

(二) 盯人

盯人是指防守队员控制进攻队员的行动与传接球的时间和空间。盯人分为紧逼盯人和松动盯人。紧逼盯人是贴近对手,不给对手从容得球与处理球的机会。松动盯人是以区域站位为主,既盯住对手又保护同伴，在对手接球或切入时才紧逼。

盯人时要处在对手与球门之间，距离对手 2 米左右；做到向前可截球或破坏对方的传球，向后能转身抢先于进攻队员而得球或破坏对手得球。对离球近或有可能接球的队员以及离球门近或对球门有威胁的进攻队员，必须采取紧逼盯人；反之，则采取松动盯人。对对方的接球队员，先力争截球或破坏，即使对手得球了，也不让其转身，迫使对手背向进攻方向，向回传球或运球。

当对手得球面对进攻方向时，应边退边防，延缓对手的前进速度，同时寻找机会抢球或破坏对方的进攻。在边路防守时，尽量把对手逼向边角位置，使对手射门和传球的角度缩小。当进攻队员传球后切入时，一定要紧跟不放。要跑里线，并切断对手与控球队员之间的传球路线。当遇到速度较快或善于突破的对手时，不要跟得太紧，要保持适当的距离和正确的移动步法。

（三）抢截

在比赛中抢截时，千万不能盲目急躁，必须在保证整体防守稳固的前提下进行。要通过站位阻截并减慢对方的运球速度，分析判断对手的意图，抓住抢球时机。

抢截球前的位置选择要根据与对手位置关系以及所要采取的抢截方法进行。抢截球的动作要及时、果断和准确，一旦不成功，可采取必要的战术犯规。

（四）守门员防守

守门员防守时要做到快速、准确、稳妥和安全。

快速，就是反应速度要快；脚步移动要快；动作完成的速度要快；出球的速度要快。

准确，就是要合理地运用各种技术。具体地说就是位置变换的时间要准确；接、扑以及击球的时间要准确；来球的方向和落点要判断准确；发动进攻的传球要准确。

稳妥，就是要求守门员在各种情况下都要沉着，不慌不忙，动作可靠有效。

安全,就是要做到万无一失,接扑来球要握牢,击球方向要选好,确保球门不失和自身的安全。

六、局部进攻战术

局部进攻战术是两人或两人以上为创造射门得分机会的默契配合行动,是组成集体进攻战术的基础,是攻方队员在短时间内造成局部地区以多打少局面的战术,起到渗透、突破、控制球、转移进攻点等作用。主要内容有:传切配合,二过一配合,交叉掩护配合,三过二配合等。

(一) 传切配合

传切配合是指控球队员向防守队员身后空当传球时,同伴越过防守队员,切入得球的默契行动。在进行传切配合时,传球的队员必须控制好传球的力量,切入队员插上要快、突然。如图4-1所示,8向4身后传球,7快速切入得球。

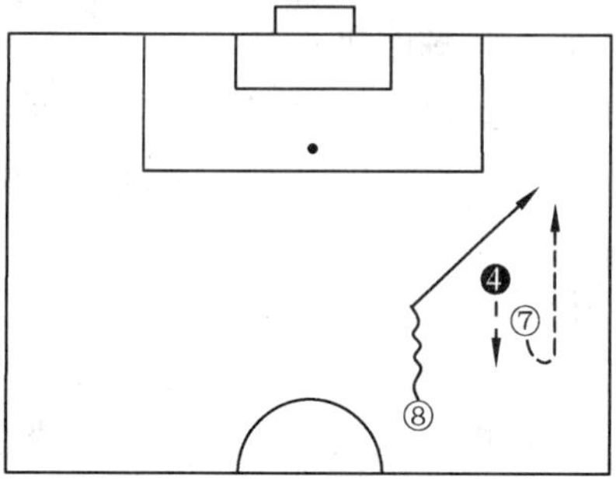

图4-1

(二) 二过一配合

二过一配合是指在局部区域两个进攻队员通过两次以上的连续传球配合,越过一个防守队员的默契行动。

1. 斜传直插二过一

7 横传给 8,然后 7 直插到 4 的背后,再传给 7(图 4-2)。

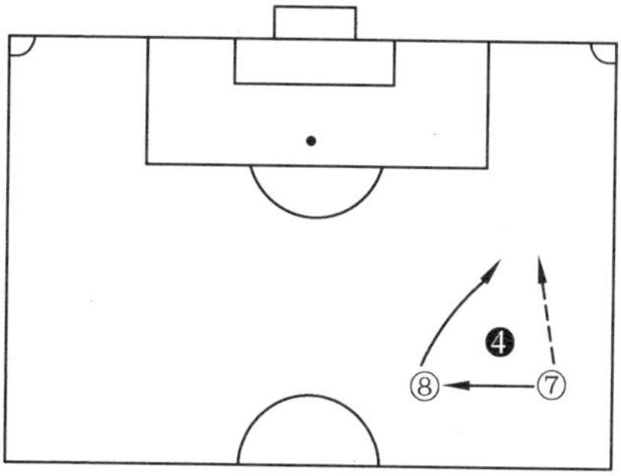

图 4-2

2. 直传斜插二过一

8 传给 7 后斜插到 4 的背后,7 直传给 8。11 传给 10 后斜插到 2 的背后,10 直传给 11(图 4-3)。

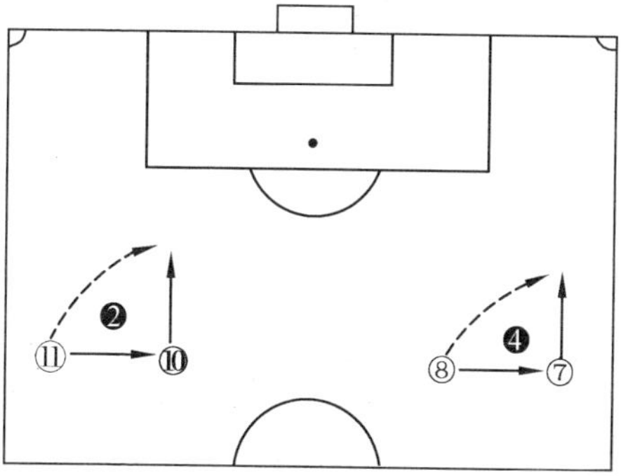

图 4-3

3. 踢墙式二过一

8 运球后向 9 脚下传球,球像碰到墙壁反弹一样,弹向 3 的背后(图 4-4)。

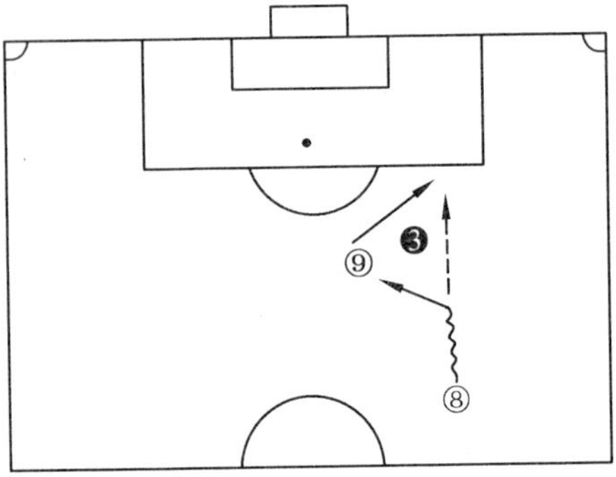

图 4-4

4. 横传、回传反切二过一

7 回撤接球，8 向 7 传球，如果 4 紧逼盯人，7 横传或回传给 8 后突然反插到 4 的身后，8 传球给 7(图 4-5)。

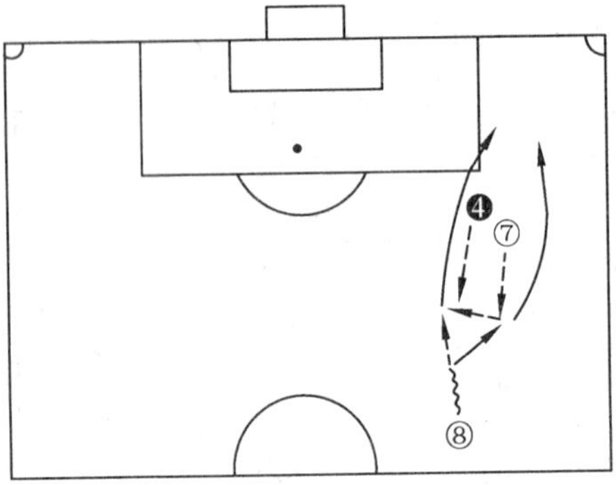

图 4-5

在做二过一配合时应注意以下几个方面：

一是抓住战机，尽量快传。在局部地区出现二过一局面的时候，要及时抓住战机。防守人数较多时，要采用一脚出球的方法。

二是掌握时机，避免越位。控球队员运球逼近防守队员，诱使其上前阻截，为传球创造时机。传球后要快速插上，准备接应。在面对最后一名后卫时，注意起动的时机，避免越位。

三是注意纵深，用力适当。在前场做配合时，特别是做回传反切二过一时要有一定的纵深距离。传球的力量要适中，既要保证传球的准确性和不被对方破坏，又要让“做墙”的队员便于直接传递。

（三）交叉掩护配合

交叉掩护配合是指在防守队员紧逼控球队员时，接应队员与控球者快速交叉换位将球带走，控球队员利用身体掩护同伴突破的默契行动。

在做此配合时应注意：

（1）运球队员要用远离防守队员的一侧脚运球。

（2）接应队员从运球队员运球脚一侧交叉跑动，交换运球时要隐蔽、突然。

（3）掩护的配合要快速、紧凑和连贯。

示例（图 4-6）：7 向回运球，2 迎上接球，2 运球快速切入。

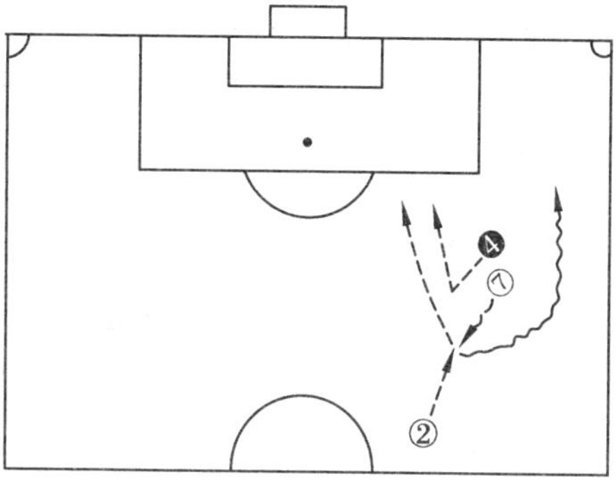

图 4-6

（四）三过二配合

三过二配合是指在局部地区三个进攻队员通过两次或两次以上连续传球配合，越过防守队员的默契行动。这种配合同时有两个队员接应,所以传球路线更多,进攻面更宽。

示例一(图 4-7):2 传球给 7,7 回传给 8 后快速切入,8 斜传给快速插上的 2。

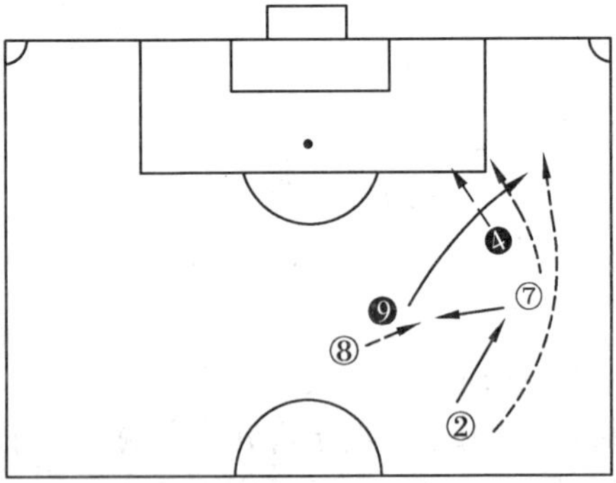

图 4-7

示例二(图 4-8):7 传给 8,8 斜传给从后面插上的 10,10 再传给插上的 7。

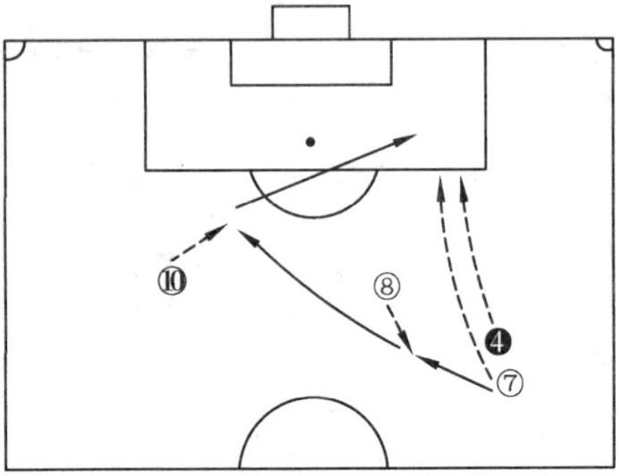

图 4-8

七、局部防守战术

基本的局部防守战术有:保护与补位、围抢以及造越位等。

（一）保护与补位

保护是指在同伴紧逼控球的对手时，自己选择有利的位置来保护同伴，防止对手突破的默契行动。补位是指防守队员之间的互相协助的防守配合行动。保护与补位是区域防守的基础，保护是补位的前提，两者紧密结合。

在保护的时候选择站位是很关键的，保护时要站在紧逼盯防的同伴的侧后方，一旦同伴被对手突破，能够及时地补位。如图4-9 所示：2 紧逼 11，5 在侧后方保护，当 11 向边路突破时，5 也向边路移动。当 11 向中路突破时，5 向中间移动。

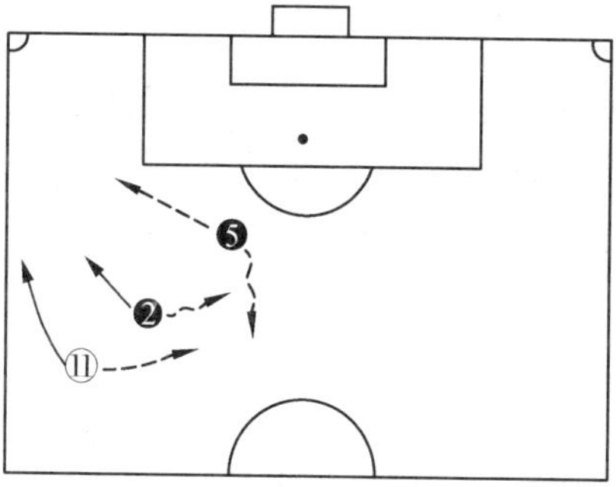

图 4-9

在二防二时，一人紧逼有球队员，另一人进行区域防守或紧逼盯人，一旦同伴被突破，必须进行相互补位。如图 4-10 所示：4 被 7 突破，5 补防 4 的位置，4 补防 5 的中卫位置。

（二）围抢

围抢是指防守时几名防守队员同时围堵、抢断某局部地区的对方控球队员的默契行动。抢、逼、围是现代足球比赛的一个显著特点，它在防守中增加了局部地区防守的人数，以多防少来提高防守效果。

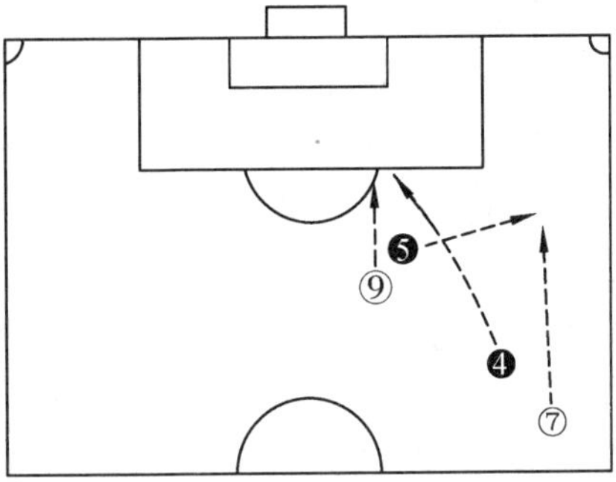

图 4-10

1. 围抢的时机和条件

在前后场的四个角上或中场的两个边路；对方个人运球较多或短传、横传较多而又缺乏转移球时。

2. 围抢的要求

队员之间行动一致，动作突然，凶狠果断；要有充沛的体能，顽强的意志；先封堵控球队员的前进路线，再从侧面、后面进行围抢。

（三）造越位

造越位是利用比赛的规则而设计的一种防守战术。造越位战术能够起到以巧制敌的效果，但是在比赛中不可盲目地使用造越位战术。而且，越位规则的不断修改，越来越有利于进攻。在2005年荷兰世界青年足球锦标赛中，国际足联对越位规则的解释是："在进攻中，处在越位位置的队员只要没触到球，助理裁判就不能举旗。"

在采取造越位战术时，后防线上的队员行动必须统一、默契，而且还应密切注意对方后插上的队员。

八、全队进攻战术

全队进攻战术是指为了完成整体的进攻战术任务所采取的全

队配合方法，是全队进攻的面比较广、投入的人数比较多的进攻战术配合。全队进攻战术的方法主要有：快速反击、边路进攻、中路进攻和转移进攻等。

（一）快速反击

快速反击是指在对方全部压出、后防空虚、缺乏精神准备的客观有利条件下，一旦断球后，以最快速度进行突然袭击的进攻方法。快速反击的战术打法被许多球队所采用，特别是一些注重防守的球队。

快速反击的配合方法：一是中、后场抢断球后，利用准确的中长传，将球传到对方后卫身后的空当，让本队突前前锋高速切入突破射门，或传给快速插上的同伴配合突破射门。二是将球传给中前场跑位接应的同伴，然后利用个人的能力或配合突破射门。

（二）边路进攻

边路进攻是指在对方半场两侧地区进攻所采取的配合方法。

在比赛中，中路一般都是各队防守的重地，边路的防守队员相对少些，空当较大。在由守转攻时，将球传给边锋。边锋利用个人的突破在边路打开缺口，然后通过外围吊中、下底传中或里切回扣传中的方法，为中间的同伴包抄射门创造机会，甚至可以运球直接内切突破射门。边路进攻的主要目的是充分利用场地的宽度，拉开对方的防线，削弱对方中路的防守力量，为中路破门得分创造有利的战机。

边路突破的方法一般有：边锋个人运球突破，边锋与中锋或前卫配合突破，边锋内切后前卫、后卫插入边锋位置突破等。

（三）中路进攻

在对方半场中间区域组织的进攻称为中路进攻。中间地带正面对着球门，一旦突破就能直接威胁对方球门，射门的角度也较大。虽然中路的进攻威胁较大，但是中间防守队员密集，力量集中，往往给进攻造成一定的困难。所以，中路进攻的时候，两边锋要拉开,借以牵制对方的两个后卫,诱使对方中路露出空当,为中路进攻创造有利条件。

中路进攻的方法主要有以下几种:

1. 个人突破

在较小的范围内接球摆脱或在同伴的牵制掩护下运球突破射门,也可作突然性的切入射门。在遇到对方密集防守时,鼓励个人突破,以造成对方的犯规,获得罚任意球和点球的机会。

2. 中路几人之间连续“二过一”配合突破

中路的防守密集,空隙小,运球突破的难度大,可以通过几个队员做多种“二过一”的组合配合,提高成功率。

3. 前卫、中卫的突然插上

在对方压上进攻丢球后,趁对方立足未稳之时,前卫、中卫突然插上,利用运球突破或与中锋、边锋配合,对对方球门形成威胁。

4. 外围传中争顶抢点射门

当地面传切配合受阻时,通过外围的传中,高大中锋争抢第一点,可直接射门或摆渡给同伴,或是造成对方后卫失误,由临近的同伴抢点射门。

(四) 转移进攻

转移进攻是指在一侧进攻不能奏效时而改变进攻方向的进攻战术。

转移进攻的方法有:边路转中路、中路转边路、左(右)边路转右(左)边路的大范围转移进攻等。

在运用转移进攻战术时,要突然快速,才能使对方来不及调整防守位置,从而乘隙而入,突破防线。在转移进攻时,一般采用中长距离的斜横传球。

总的来说,在比赛中边路进攻和中路进攻必须结合运用,也可以以边路进攻为主,中路进攻为辅,或中路进攻为主,边路进攻为辅,并通过不断的转移来改变进攻的线路,才能更好地发挥进攻的威力。

九、全队防守战术

全队防守战术要求发挥集体的力量。对方进攻时，场上的每一个队员都应积极参与防守，并形成一定的防守阵形。全队防守战术包括：人盯人防守、区域防守和混合防守。

（一）人盯人防守

人盯人防守是指比赛中由攻转守时每个防守队员盯住一个进攻队员，封锁对方的进攻路线，控制对手的活动和传控球时机的配合方法。

人盯人防守时分工明确，但是某一点一旦被突破，就会使整个防线出现大漏洞，体力消耗也较大。所以，通常在后场设一名自由中卫，以便随时补防。

（二）区域防守

在防守时，场上队员根据自己的位置分布，每个队员负责防守一个区域，当某一进攻队员跑入本区时，就进行积极防守，限制对方的进攻活动。但是采取区域防守时，对方可以自由换位，而造成以多打少的局面，所以单纯地采取区域防守是不可取的。

（三）混合防守

混合防守是指盯人防守和区域防守相结合的防守方法。

在比赛中，通常都是盯人防守和区域防守相结合。具体来说就是，对有球队员要紧逼盯人，对有球的区域要紧逼盯人，距球远的防守队员可进行区域防守，对特别有威胁的进攻队员可派专人盯防。两个拖后中卫，盯人中卫负责盯防对方的中锋，拖后中卫（自由人）负责保护与补位。距离本方球门越近越要紧逼，特别是在罚球区附近更是不能松动。对对方插入与切入的队员，前卫一定要回防并紧逼盯人，帮助边卫进行人盯人防守。

十、定位球战术

定位球战术是指比赛开始或比赛中成“死球”后重新恢复比赛时所采用的战术配合方法。根据规则的规定,定位球在进行第一传的时候是不受对方的干扰的,所以可以按预先布置的战术来组织进攻,特别是在罚前场任意球和角球时。在现代足球比赛中,定位球战术已经受到越来越多的重视,甚至成为得分的主要手段。

定位球战术包括:角球战术、任意球战术、掷界外球战术等。

(一) 角球战术

1. 角球进攻战术

(1) 直接长传的角球战术

由踢弧线球较好的队员主罚角球,并由头顶球能力较强的队员争顶射门。一般将球罚至离门 7 米—10 米处。在罚角球时,争顶的队员不要过早地等在门前,而应在球罚出后,按事先部署的战术,助跑、起跳、争顶射门。也可将球罚向前、后门柱附近,可直接射门或摆渡为同伴创造射门机会。在罚球区的外围还应安排几名远射能力较强的队员,以防对方解围不远时,形成二次射门(图 4-11)。

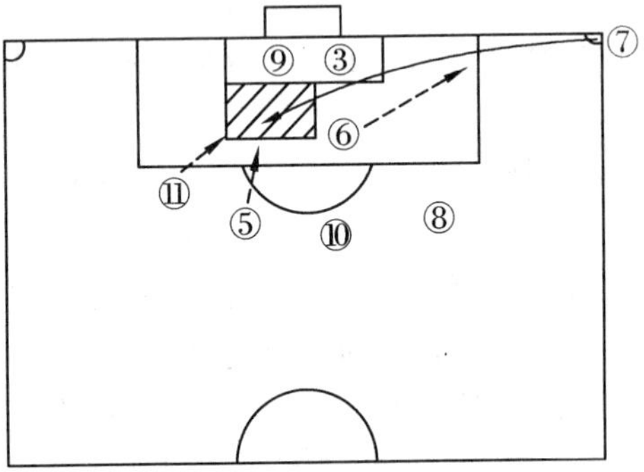

图 4-11

(2) 短传配合的角球战术

进攻队员在对方的门前没有身高优势或碰到较大的逆风时，往往采取这种战术。运用短传配合角球战术时要争取时间，不等防守队员站好位置就立即罚球，且传递的次数不宜过多，尽快完成传中或射门。

如图 4-12 所示：7 将球传给突然接应的 9，9 立即回传给 2，2 迎球就射。

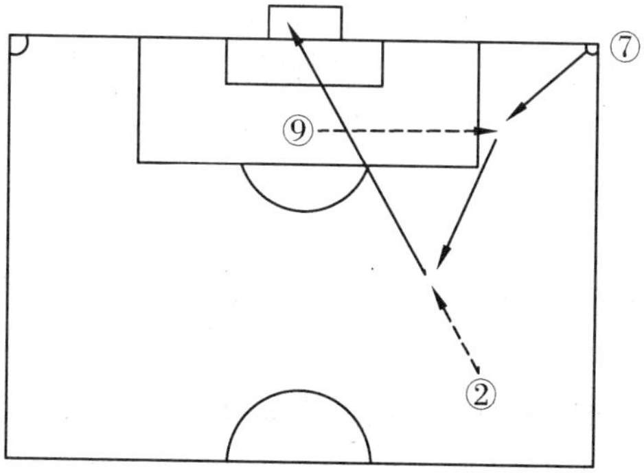

图 4-12

2. 角球防守战术

当对方罚角球时，前锋和前卫要快速回防，迅速组织防守。一般以身材高大、头顶球技术好的队员防守门前的要害区域，其他队员负责盯人防守。守门员站在靠近远端门柱侧，以利于观察，随时准备出击。

防守时还必须抢占几个重要位置。两门柱附近必须站两名防守队员，站在近门柱的球员防对方的低平传球，站在远门柱的球员防对方罚向后点的弧线球，以及在守门员出击后进行补漏。离角球区 9.15 米处站一名防守队员，干扰对方的罚球，影响罚球的质量，同时防守对方的短传配合进攻。

（二）任意球战术

在足球比赛中，任意球战术在整个战术体系中的作用是重要的。特别是在对方罚球区附近获得直接任意球时，由脚法精湛的队员主罚，往往能直接破门得分。像英国的贝克汉姆、法国的齐达内、巴西的卡洛斯等，都是罚任意球的高手。

1. 任意球的进攻战术

中后场的任意球，一般要求传球快速准确。而对于前场特别是罚球区附近的任意球，必须充分重视，认真组织进攻。

（1）直接射门

当罚球点距离球门较近时，根据守方的“人墙”和守门员的站位，应大胆采取踢弧线球直接射门的战术，或抓住对方“人墙”的漏洞，大力射门。

（2）配合射门

任意球配合射门的方法很多，针对对手的弱点可以采取不同的战术配合。

配合射门时应注意：一是传球次数不宜过多，经过一、二次传球就射门；二是要利用假动作迷惑对方，声东击西，避开“人墙”，争得射门机会。传球要及时，避免越位。

如图 4-13 所示：10 快速助跑好像要射门，做假动作后向“人墙”一侧跑动以吸引防守队员的注意力。8 快速将球传给后面插上的 7，7 射门；也可传给 10，10 接球后射门。

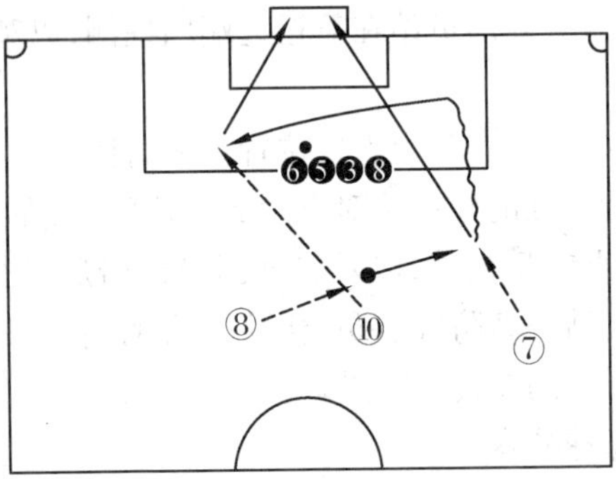

图 4-13

又如图4-14所示：11、10跑动接应，分散防守队员的注意力，7佯作罚任意球的动作却快速从球上跑过，6将球搓起越过“人墙”，8快速插上射门。

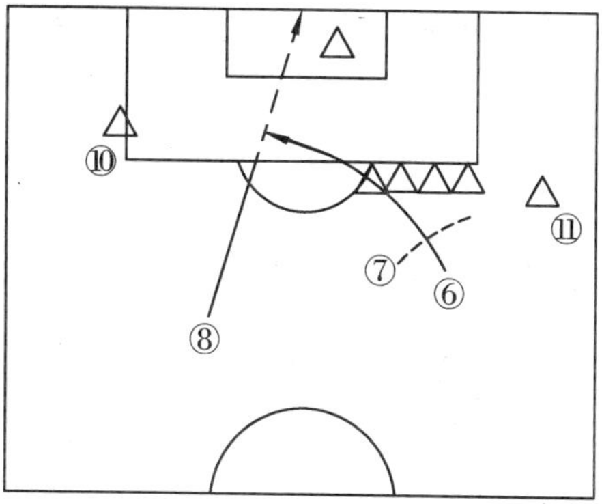

图4-14

2. 任意球的防守战术

防中前场的任意球时，防守队员应迅速回位。在对方获得本方罚球区附近的任意球时，前锋、前卫都应迅速回防并组织“人墙”。组织人墙的人数，应视射门角度的大小而定，并封住近角，守门员站在“人墙”内侧的延长线上。同时，“人墙”的两侧安排两名队员，以防对方传切配合射门。在对方的球没有罚出之前，“人墙”必须站牢，不得松散。

在对方罚边路的任意球时，由于射门角度小，基本上会采取向门前传球争顶的配合方法。所以，必须进行人盯人的防守，严密封锁要害区域。

（三）掷界外球战术

1. 掷界外球的进攻战术

在一场足球比赛中，掷界外球的次数很多。掷界外球不仅仅是恢复比赛，而且是重新控制球组织进攻的机会。特别是靠近对方端线的界外球，可以掷到对方的球门区附近，直接对球门形成威胁。

掷界外球时,附近的队员应积极跑动,摆脱、牵制对手,策应、交叉掩护同伴,拉出空当以便接球。

示例(图4-15):10回撤要球,2紧逼盯人,6快速插入10留出的空当接球。

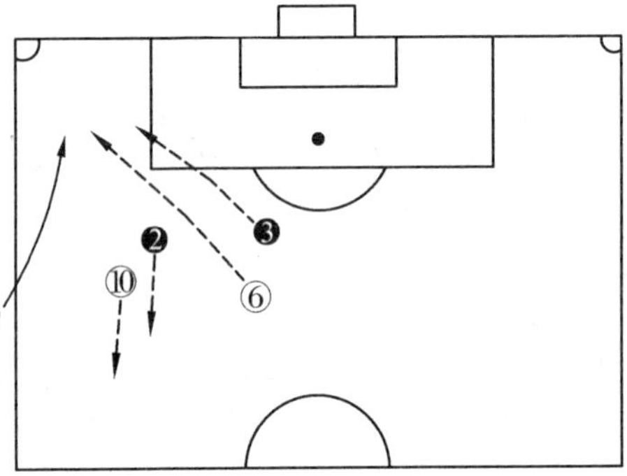

图4-15

掷界外球战术的要求:

(1) 掷球要快,抓住防守队员精力不集中的时机,快速组织进攻。

(2) 掷界外球没有越位的限制,可以大胆地掷给前插的队员。

(3) 掷出的球不宜过高,最好向同伴的脚下或胸部高度掷球,以利于同伴接球。

(4) 在对方罚球区附近的边线掷球时,可以将球直接掷入罚球区甚至球门区,对对方球门直接形成威胁。

2. 掷界外球的防守战术

在防守对方掷界外球时,一定要集中精力,紧逼对方的接应队员,防守队员注意相互之间的保护与补位,防止对方接应队员切入身后接球。

上面主要介绍了角球、任意球、界外球三种定位球的进攻与防守战术，还有球门球、中圈开球、点球也属于定位球，这里就不一一细说了。

十一、足球战术的练习方法

战术的练习应该遵循从易到难、从个人到局部、从局部到整体的循序渐进的原则。

（一）个人战术练习方法与要求

（1）两人一组，相距 2 米面对站立，无球状态下，一人利用突然冲刺跑、急停、变向、变速等方法来摆脱另一人，作防守的队员尽量不让对方摆脱。然后进行有球练习，运球突破。

（2）摆脱接球与盯人练习。如图 4-16，9 用各种方法摆脱 3 的防守并去接 8 的传球，3 则尽量不让 9 接球，9 若接到球再回传给 8，再重复练习（图 4-16）。

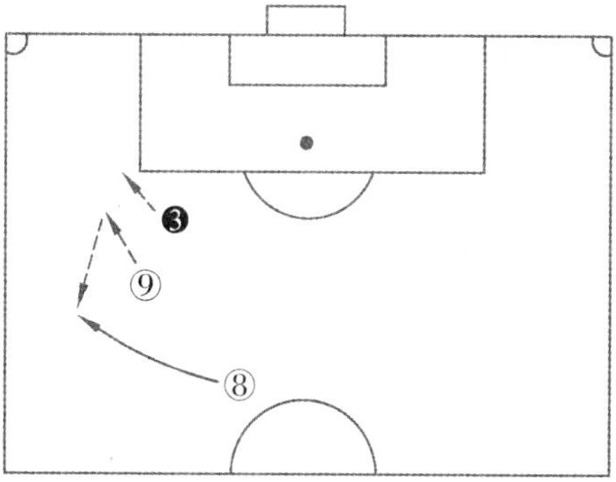

图 4-16

（3）如图 4-17，三人一组，5 运球，3 防守，5 运球突破 3 后传球给 7，5 跑上前防守 7，7 突破后传球给 3，7 再上前防守 3，如此反复。

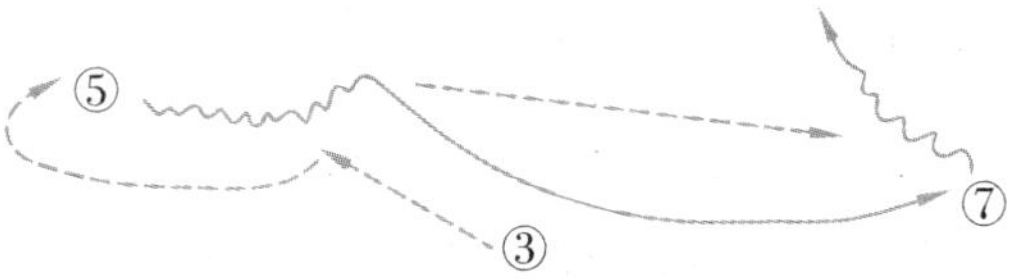

图 4-17

（4）传球跑位练习。两人一组相距 10 米左右，向前跑动连续传球。传球要传到对方跑动路线的前面，要传地滚球（图 4-18）。

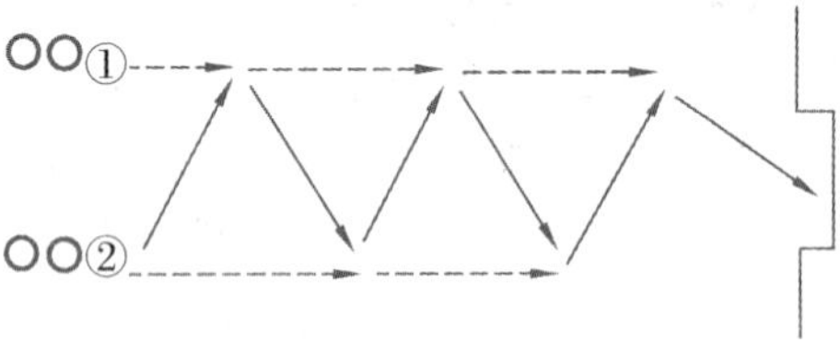

图 4-18

（5）三人一组跑动传球。如图 4-19，1 直传后与 2 交叉跑动，2 横传 1，1 再横传 3，3 直传后与 1 交叉跑动，1 横传 3，3 横传 2，依次进行，直至射门。

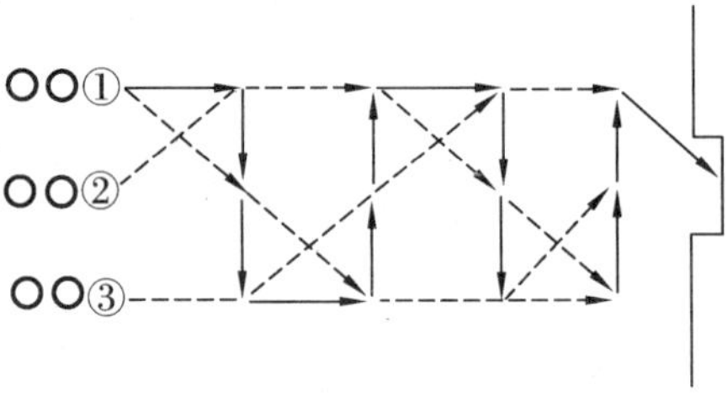

图 4-19

（二）局部攻防战术的练习方法与要求

（1）队员分成两组，成纵队面向球门站立在球场两侧，A 向前传球，一组切入，运球突破传中；另一组切入，包抄射门（图 4-20）。

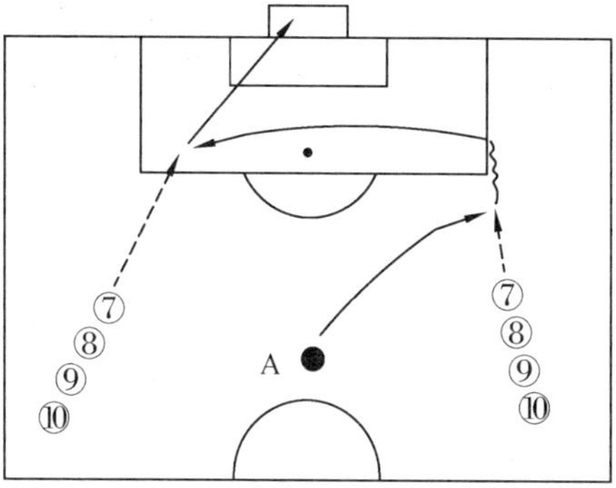

图 4-20

（2）如图 4-21，三人一组，2 传 1，1 再回传 2 做二过一配合，3 接应，1 再传 3 做二过一配合，得球后再传 2，然后从 1 到 3 的位置，3 到 2 的位置，2 到 1 的位置，依次反复练习。

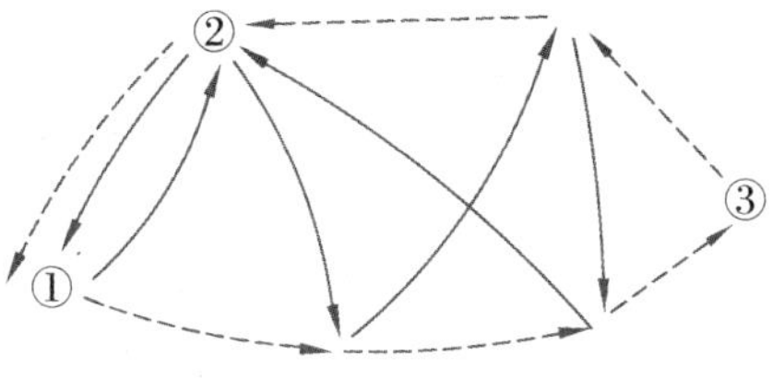

图 4-21

（3）如图 4-22，分两组，相距 30 米面对站立，中间有一人为固定传球者 A，1 运球传给 A，A 直接传给 1，1 得球后传给 4，4 按 1 的方法进行练习。

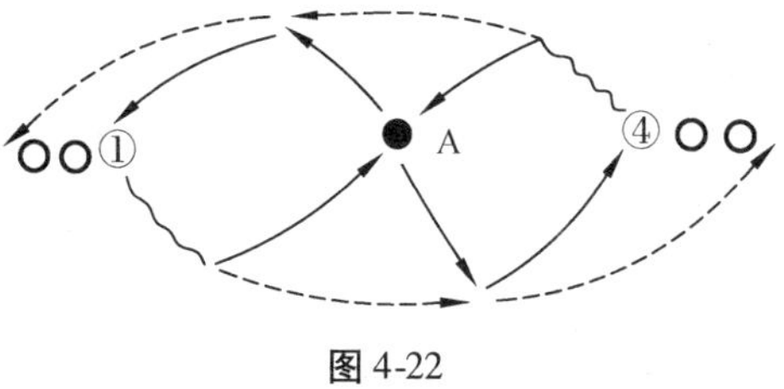

图 4-22

(4) 攻防练习。如图 4-23,9 传球给 7,7 接应后斜传给 8 并沿边线切入再接 8 的传球后突破传中,8 反切包抄射门。

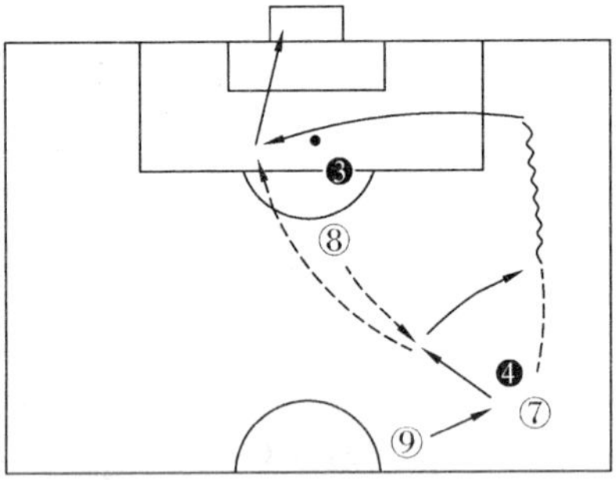

图 4-23

(5) 攻防练习。如图 4-24,9 传球给 7 后从 7 的身后切入,7 直接传给 8 后从 8 的身后切入,8 传给切入的 9,9 得球突破传中给包抄的 7 射门。

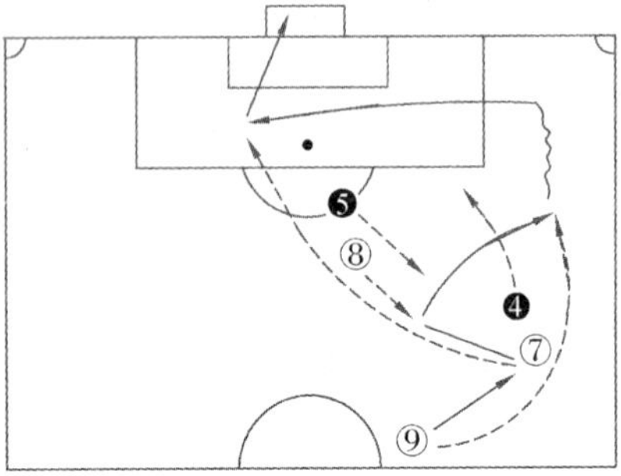

图 4-24

(6) 五对五的攻防练习。一般用四分之一或二分之一的足球场,传球出界线或球被对方抢到后,就交换攻防角色。

要求:

(1) 防守要多练人盯人防守。

(2) 进攻要多练摆脱、运球过人和各种传球配合。

（三）整体攻防战术的练习方法与要求

整体战术练习是把个人、局部战术有机地连接起来的全队进攻与防守的战术配合练习。

1. 半场攻防练习

队员分成进攻与防守的两组，进攻队员力争每次进攻都能以射门结束，防守队员则抢截、破坏或作得球后的配合。

要求：

（1）进攻一方按制定的战术练习进攻套路。

（2）防守一方可由消极防守过渡到积极防守，并在得球后经过几次传递再交给进攻方重新组织进攻。

2. 边后卫插上传中包抄射门

如图4-25，4 断球，9 拉边，6 接4 传球，11 回撤接6 的传球后

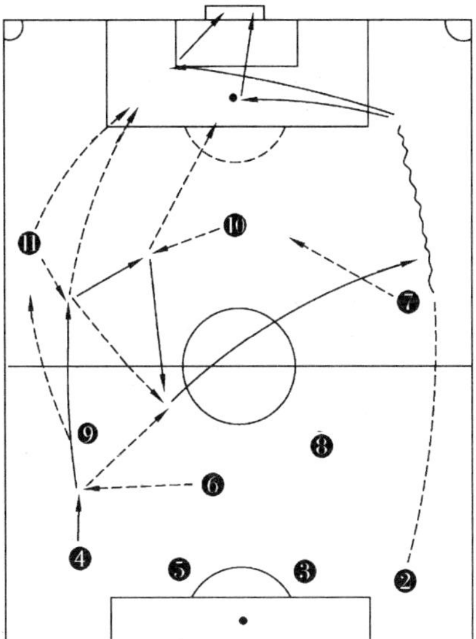

图 4-25

再传给10,10回传6,6长传给边路插上的2,2突破传中或外围直接传中。

3. 守门员得球发动的进攻

如图4-26,边后卫2拉边接应守门员的传球,2可根据情况传给7、8、6。若2传给7,7传给6后立即内切,8套边,6长传给8,8突破或直接传中,10、11、9交叉包抄射门。

4. 全场比赛

按照正规比赛的要求进行全场比赛。在比赛中培养队员在实战中合理运用技术的能力、应变的能力以及战术意识。一般把比赛分为三到四节,比赛间歇时,由教练员讲评和提出要求。如果是队内的分队比赛,教练员发现问题时, 可及时中断比赛进行讲解,

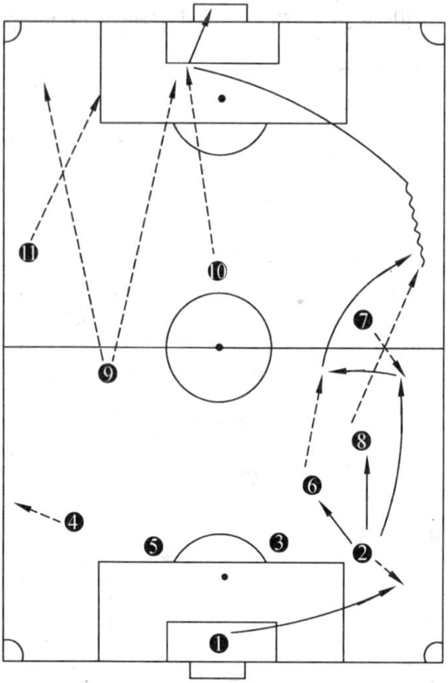

图4-26

加深队员对问题的认识。

第二节　战术阵形

战术阵形是指在比赛中为了达到一定的战术目的而对场上队员基本位置的排列,是本队攻守力量搭配和职责分工的体现。阵形是比赛的组成部分,它确定每个人的攻守职责,明确每个人在比赛中与局部以及全队之间的关系。战术阵形须根据本队队员个人的特点和对方队员的特点综合制定。虽然队员的位置相对固定,但是可以根据比赛发展的状况,在确保完成自己职责的情况下,鼓励队员创造性地发挥技战术水平。

一、战术阵形的演变与发展

随着足球技术的不断提高、攻守战术的变化以及足球规则的不断修改,战术阵形也不断变化。从现代足球诞生第一个统一规则开始,比赛阵形从最早的"九锋一卫",经历了"WM"、"四前锋"、"四二四",到现代的"四三三"、"四四二"、"三五二"等。下面简单介绍几种战术阵形。

(一)"WM"阵形

1925年,世界足球联合会宣布了新的有利于进攻的越位规则,促进了比赛战术和阵形的改革。1930年,英国人H. 查普罗经过不断的实践总结,创造了"WM"阵形(图4-27)。自从英国足球队采用"WM"阵形后,曾一度统治世界足坛,于是世界各国纷纷效仿并一直沿用到20世纪50年代初期。

"WM"阵形是一个分工明确、攻守力量平衡的阵形。进攻时,主要采用前卫助攻,两个内锋组织进攻,两个边锋外线吊中,高中锋突破是主要得分手段,防守一般采用紧逼盯人。

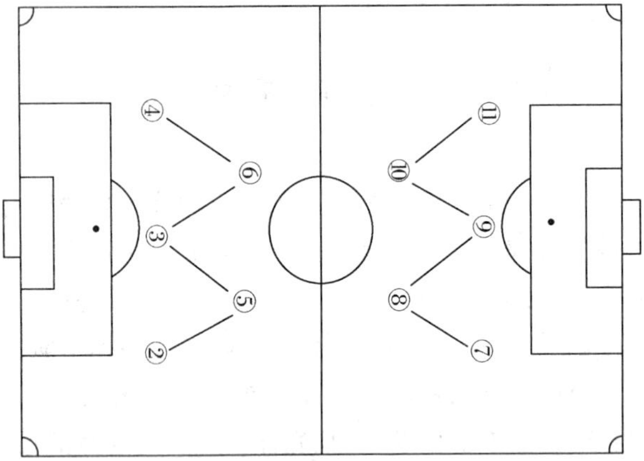

图 4-27

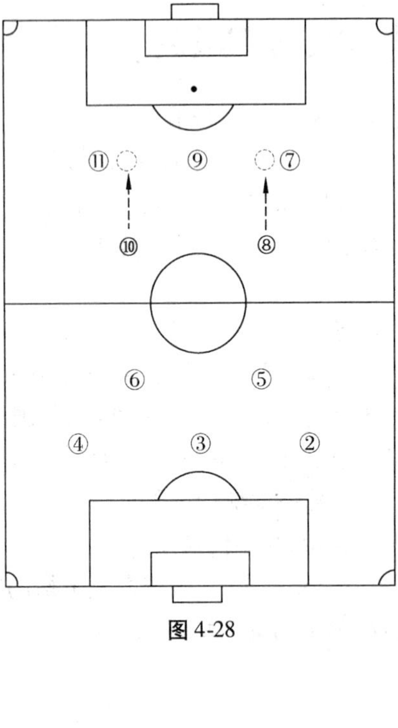

图 4-28

(二)“四前锋”阵形

在“WM”统治足坛的时候，匈牙利人于20世纪50年代初期找到了破解之法，他们在“WM”阵形的基础上，进攻时将中锋后撤，两个内锋突前，形成了四前锋来对付“WM”阵形中的三个后卫的阵势(图4-28)。

(三)“四二四”阵形

上世纪50年代后期，巴西人吸取了“四前锋”阵形的优点，把中锋拉回来担任前卫，而把一个前卫拉回到后卫线上担任中卫，形成了“四二四”阵形(图4-29)。

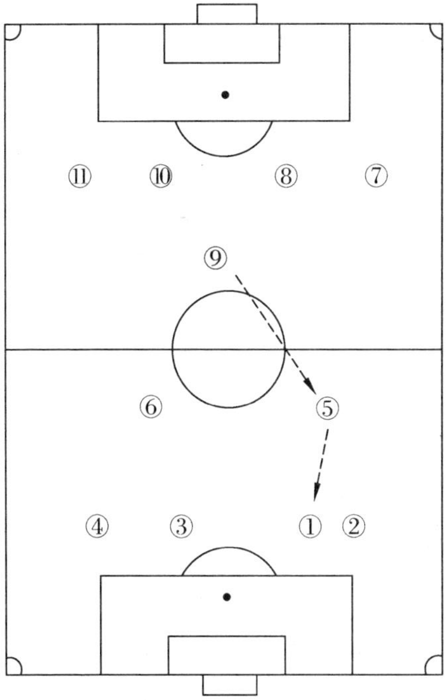

图 4-29

“四二四”阵形既加强了前锋线上的攻击能力，又增加了后卫线上的防守能力;既保持了“四前锋”阵形的优点,又弥补了三后卫的防守缺陷,使攻防布局达到了新的平衡。

(四)“四三三”阵形

“四二四”阵形在比赛中暴露出了中场力量的薄弱,于是各国结合本队的情况将一名内锋或边锋回撤中场,形成了“四三三”阵形(图 4-30)。

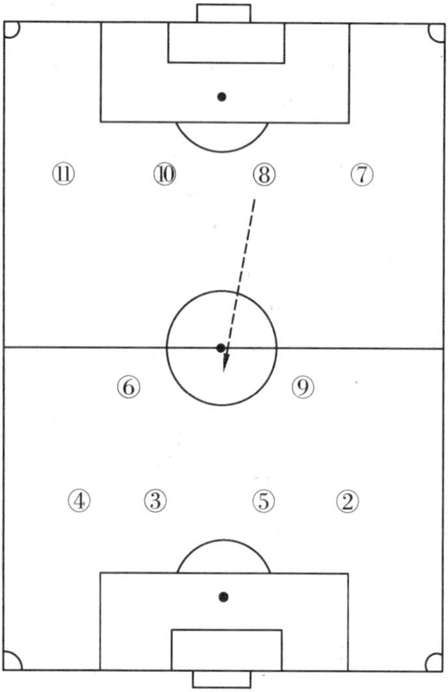

图 4-30

“四三三”阵形使中场人数增多,在进攻时加强了中场的控制,防守时加强了中场的阻截,既可以保证前锋得到供球和接应,又可以让后卫伺机插上攻门得分。但是这种阵形对场上队员的个人素质要求非常高,他们不仅要体力充沛,技术全面,而且还必须有良好的战术素养。

（五）"四四二"阵形

20 世纪 60 年代后期,英国人在"四三三"阵形的基础上将一名边锋回撤到中场,形成"四四二"阵形(图 4-31)。

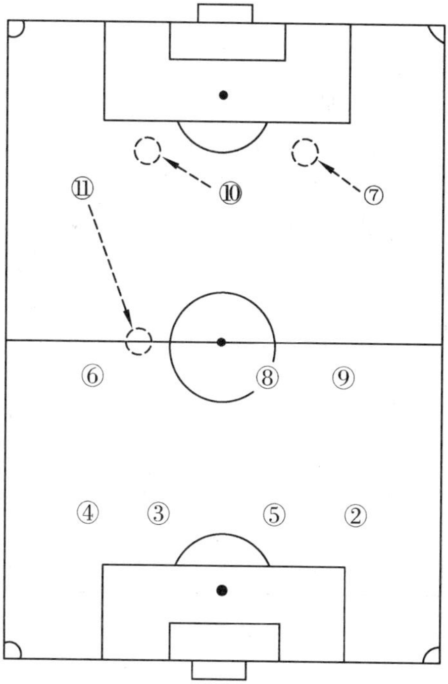

图 4-31

"四四二"阵形使中场的力量更加强大,进攻时两边前卫伺机插上,甚至可以直接插入对方腹地,增加进攻的人数,防守时可以后撤到后卫线上帮助后卫防守。但是这种阵形对边前卫的体力、视野以及战术素养要求更高。

（六）"三五二"阵形

为了对付"四二四"阵形的双中锋,加强中场的拦截能力和组织进攻能力，许多队伍将一名后卫内收或将一名前卫后撤，与盯人中卫共同防守对方的双中锋，自由中卫拖后保护与补位，将另一名后卫充实到中场，形成了“三五二”阵形（图 4-32）。

由于“三五二”阵形的中场人数多，这对队员技术的全面化要求更高，全队的机动灵活性也更大。进攻时，双中锋接应第一传并向前突击，五名中场快速出击，接应或插入空当，特别是边路空当，力争在对方回防到位前通过快速传递形成射门。如果对方回防到位，那就利用中场人数上的优势进行迂回，双中锋左右穿插，中场队员伺机插上，配合中锋突破射门或接中锋的回传球远射。防守时，全队快速回位布防于中后场，形成防守上的人数优势。

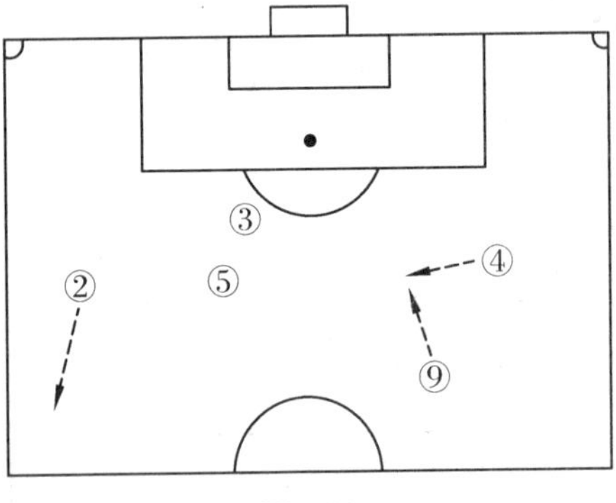

图 4-32

（七）“全攻全守”阵形

1971 年，荷兰人率先创造出“全攻全守”阵形，比赛中场上队员不受固定位置的限制，没有固定的分工，处于什么位置就能起到该位置的作用，充分发挥队员的创造力。它要求队员不仅有顽强的作风，高度的组织性和集体观念，还必须具备全面的技术和良好的战术意识，充沛的体能与快速奔跑的能力。

从以上战术阵形发展过程的简述中可以看出，战术阵形是在足球运动的长期实践中逐步形成的，且所有战术阵形并不是一成不变的，它通过在后卫、中场以及前锋线上人数的配备不同而形成不同的战术阵形，所以还有现在的“五三二”、“四三一二”、“四二三一”等战术阵形。

正如前面所说的，在足球比赛中必须根据比赛双方实际情况而制定相应的战术阵形，甚至在比赛中调整阵形。这就要求教练员以及场上的队员有较强的应对比赛的能力，及时发现对手的优势与弱势，以己之长攻彼之弱，以己之短避彼之强。

二、各个位置的主要职责以及打法

（一）守门员

守门员的主要职责就是力保球门不被对手攻破。他必须随时观察场上的情况和遇见可能出现的情况，正确判断射门队员的出球方向，选择位置封堵射门角度，并对各种性质的空中球能准确判断、果断出击、合理处理，充分发挥可以用手的优势，掌握门前的制空权，尽可能扩大防守的范围。

由于守门员处于最后的位置，能够综观全局，所以要及时发现本队进攻与防守上的不足，可通过呼喊提醒同伴盯人、补位、及时调整位置，加强协防与保护，堵塞漏洞，组织严密的防线，起到指挥的作用。而当对手突破最后一个防守队员时，应果断出击，猛扑对方的脚下球或封堵对方的射门角度。当对方在前场罚任意球时，必须指挥组织“人墙”和其他队员盯人。

当守门员得球后，就是本队进攻的开始。因此，必须迅速而准确地将球传给处在有利位置的同伴，发起进攻。

（二）边后卫

边后卫主要负责防守对方的边锋以及其他在边路进攻的对方队员。边后卫应比对手更靠近自己的球门，以便封堵对手直接进攻球门的路线。当对手运球突破时，要尽力使对手向边路运球，缩小对手的活动范围,使其远离本方球门。一旦被对手突破,必须积极回追。当中卫来补自己的漏洞时,应立即补中卫留下的空当。

如果对手在本方的另一边路进攻,那么就应该适当地向中路靠拢,随时准备弥补中卫的漏洞和抢断对方的长传转移球。对方在中路进攻时,也应该适当地向中路收缩,并密切注意对方边锋的活动以及弥补中卫可能出现的漏洞。

在本方守门员得球后,应立即跑向边路空当,准备接守门员的传球来组织进攻。一旦抢断球后,应立即组织进攻。在本队边锋向里切或回撤而拉出边路空当时,应果断插上助攻,直接威胁对方球门。在完成进攻或射门之后,应立即回位。

(三) 中卫

中卫是整条后防线的核心。中卫可以分为拖后中卫和盯人中卫两种。盯人中卫主要负责盯防对方的突前前锋;拖后中卫负责弥补后防线上的漏洞。

各队可以根据实际情况,固定一人负责盯防,一人拖后补漏,也可以灵活交替。进攻时,中卫应当进行准确的短传和长传球,并随时准备接同伴的回传球。当对方的中路出现空当时,中卫的突然插上会让对方措手不及,甚至射门得分。当中卫前插时,一名前卫应当后撤,填补中卫插上而留下的空当。

(四) 前卫

前卫的活动区域主要是在中场一带,衔接进攻与防守,起到枢纽的作用。现代足球比赛中,中场是双方的必争之地。可以说,谁赢得了中场,谁就掌握了主动,胜利的天平就向这边倾斜。

前卫既要组织进攻,又要参与防守,所以对前卫的要求也较高。进攻时,前卫负责前后接应和转移进攻方向,掌握比赛的节奏。当本队的中锋拉边或回撤时,前卫要及时插上,充当中锋的角色,在战术上俗称"第二中锋"或"影子中锋"。当本队的边锋里切或回撤时,前卫要插到边路,起到边锋的作用。防守时,前卫必须在中场积极顽强地拼抢，从而控制中场，不让对方轻易突破中路的防线。在必要的时候，可以退到罚球区附近进行拼抢，帮助后卫线进行防守。

（五）边锋

边锋主要担当边路的进攻与防守任务。进攻时，利用对方边路防守力量相对薄弱、地域较开阔的有利条件，充分发挥个人的突破能力，并寻求配合突破，从边路打开缺口，将球准确地传中。而当异侧队员突破传中时，应及时包抄到位，抢点射门得分。边锋还可以相互进行交叉换位，有意识地里切或回撤，让出边路空当，为同伴的插上助攻创造机会。一旦丢球，应该立即反抢，形成本队的第一道防线，破坏对方的传球或拖延对方的进攻，为同伴的回防赢得时间。甚至在断球后，乘对方立足未稳，直接向对方球门运球或传球，形成射门。

（六）中锋

中锋位于进攻的最前沿，通常是队中的尖刀和得分手。他的主要任务是突破射门，同时为同伴创造射门机会。所以有句话说："一个好的中锋同时还是一堵墙。"

进攻时，中锋主要依靠传球配合、运球突破和奔跑速度来创造各种射门机会。还应该经常与边锋和前卫进行换位，扰乱对方的防线，为同伴创造插上、切入和射门的机会。当同伴从边路突破时，中锋应埋伏在对方门前，随时准备抢点射门。由攻转守时，应就地反抢，充当本队的第一道防线，破坏或延缓对方的快速反击。

第三节 比赛的指导工作

一场比赛的胜负一般取决于比赛双方的实力、教练员的训练水平以及指导能力、裁判员的业务水平和职业道德、环境因素等。

而当比赛双方的实力相当时，教练员的指导能力就是决定胜负的关键。教练员的指导能力主要体现在以下三个方面：比赛前的准备、临场指挥和赛后总结。

一、比赛前的准备

（一）了解情况

“知己知彼，百战不殆。”赛前，教练员要对己方队员和对手做一个详尽的了解。对于己方队员，主要是对身体状况、竞技状态以及心理状态有全面掌握。对于对手的了解必须详细，其中包括对手的比赛阵容、进攻和防守的特点、核心队员的特点等。了解比赛场地气候情况，主要是了解场地的大小及平整度、比赛时的气温及风向等。

（二）制定比赛的作战方案

首先是确定阵容，根据对手的攻防特点有针对性地安排本方的上场队员，遏制对方的长处，充分发挥己方的进攻特点，明确队员的具体任务和要求。

其次，制定比赛攻守方案。制定比赛方案时一定要考虑如何充分发挥本队的优势特点以及个人的特点，在对双方实力作分析对比的基础上，制定可行的攻守方案。

最后，对比赛中可能出现的困难情况作出分析，做好应对的准备。

（三）准备会

准备会主要包括以下内容：

（1）教练员宣布上场队员名单，简明扼要地阐述比赛的作战计划和具体要求。

（2）讨论作战计划。要使队员明白作战计划是全队和个人的行动纲领，要严格遵守，又要视具体情况灵活执行，鼓励队员发挥创造性,不能一成不变。

(3) 比赛中的定位球战术讲解要详细,前场的任意球必须确定主罚人选。还须明确比赛的装备以及出发时间等有关注意事项。

二、临场指挥

比赛进行中往往会出现事先没有预料到的情况。教练员必须有较强的应对和调控比赛的能力,及时对场上的阵容作出调整。

(一) 比赛前的指导工作

(1) 到达赛场后,教练员要掌握好准备活动的时间安排好替补队员,填写好上场队员名单交给裁判员,带领队员做好准备活动并观察挑边情况。

(2) 赛前几分钟,教练员简明扼要地强调准备会所布置的任务和应注意的事项。

(二) 赛中指挥

1. 比赛中的观察

观察是教练员临场采取正确对策和指挥的前提,临场观察的主要内容包括:

(1) 对方临场情况与比赛前侦察和分析的情况有何变化。

(2) 对手进攻和防守的主要特点及采用的主要手段是什么。

(3) 各个位置上队员的主要特点,重点应观察对手攻和守时的主力队员和核心队员的特点、作用。

(4) 在观察对手的同时,也要注意本队开局后打得怎样,中场的控制是否主动,进攻有无威胁,防守有无漏洞,如发现问题应及时采取有效措施。

教练员在观察时要沉着冷静,全面细致,掌握整个局势的情况,不要过分地注意细节。在分析战况之后,可以通过换人来巩固成果或扭转劣势。

2. 换人

在比赛中,队员表现正常,以不换人为原则。但当出现下列情况时应当换人:

(1) 对方攻势很盛,本队处于被动的局面,教练员认为需要改变攻或守的打法时;

(2) 场上有队员受伤,或个别队员表现失常、失误过多、过于紧张时;

(3) 队员体力不佳,不能很好地发挥水平时;

(4) 当本队领先而比赛时间又所剩无几时,可通过换人,合理地延缓时间,以便将优势保持到终场;

(5) 当本队大比分领先时,为了培养后备力量和锻炼年轻队员,或为保存核心队员的体力且避免非战斗性减员时,可进行换人。

(三) 中场休息时的指导

因为足球比赛没有暂停,所以中场休息是重要的临场指导时间。教练员在中场指导时须做到:

1. 牢牢把握指导目标

针对上半场表现出来的优缺点,提出纠正意见,布置下半场的主攻方向和防守时应注意的问题,对队员心理状态及时进行调整。教练员的指挥内容应抓住关键问题,决不可把宝贵的时间浪费在对下半场比赛毫无意义且需要经长时间训练才能改正的某些问题上。

2. 指令要简洁而积极

教练员的指令要具体、明确,讲话的语调要沉着、冷静。无论出现什么情况,教练员应从容不迫,神态自如,充满信心。对队员应多鼓励,少批评,特别是要鼓舞斗志,树立必胜的信念,调动积极因素,集中力量打好下半场比赛。

3. 勇于承担责任

对场上出现的不利局面,教练员要善于承担责任,这样可以赢得队员的敬佩和尊重，也会解除队员的心理负担，放下思想包袱，竭尽全力地投入到下半场的比赛中。不要在队员面前指责裁判，要消除队员们对裁判员判罚不公的不满，否则会影响全队的发挥。

4. 指导中应注意应变

应变力主要表现于战术指导的决策环境之中，如根据上半场赛势，果断作出调整战术方案的决策等。实施指导时，应变也须做得合情合理，这是教练员指导艺术的核心。

（四）比赛最后阶段的指导工作

在比赛的最后十分钟，一般是双方争夺激烈的时刻。这时如果落后，应找出对策，争取平局甚至反超；如果是平局，则应鼓舞队员斗志，争取得分；如果领先，教练员要在巩固胜利的基础上，想办法扩大比分或努力保住成果。

三、赛后总结

总结首先应做到实事求是，不能以一场比赛的输赢来看待问题。胜利时应看到不足，失败时还应看到成绩。

赛后总结的目的是为了发扬优点，纠正错误，以利再战，做到赛一场前进一步。

总结的内容主要有：

（1）思想方面：包括场上的作风、意志品质、组织性、纪律性和集体主义精神等方面的情况。

（2）完成计划情况：分析全队与个人完成任务的情况，总结中应肯定成绩，找出问题，提出改进的措施。

（3）临场指导工作：临场指导要符合客观情况，及时发现问题，并合理、合情、正确地予以处置。对比赛中典型的战例进行分析，以此来提高全队的战术意识，积累比赛经验。

第五章 足球训练

第一节 足球训练计划的制定

专业的足球训练是一项庞大的系统工程,它由若干个子系统组合而成,各子系统间必须具有科学的衔接,它们必须依托严谨的实施计划,才能达成最终的目标。而训练计划就可以把训练目标具体划分为若干个独立而又彼此联系的训练形式,并进一步具体化为若干按特定要求进行的练习方式,让运动员练习,以逐步实现各层次的任务和要求,从而接近或实现目的。训练计划是实现训练目标的基本途径。

一、训练计划的作用和依据

训练过程是一个有目的、有步骤、有组织地对运动员进行身体、技术、战术、心理和智力的训练,从而不断提高竞技水平而实施的一种教育过程。

足球训练计划是为完成训练任务而预先设计的蓝图,它是指导、检查、控制训练工作的依据,也是反映教练员理论知识水平和训练经验的书面文件。

制定训练计划的依据,一般来说都是围绕训练目的来确定的。由于训练对象不同,其终极目标也就不一样。因此,训练计划制定依据应该有所不同,侧重点不一样。例如,青少年球队,它的终极目标是培养、输送人才,因此其训练计划应根据青少年运动员不同年龄段身心发育的特点,在内容、手段上有所侧重。而对成年足球队来说,它的终极目标是赢得比赛,因此,其训练计划就应该侧重于技术、战术的运用。

二、训练计划的目标(任务)与指导思想

足球训练是以进球为导向的一个系列训练体系,每个球队必须结合自己的实际情况,建立合理的高标准的训练目标(任务),并有相应的与之配套的考核评定制度及奖罚措施,从而在思想上、职业道德上、技战术上及身体素质和心理素质上为实现目标(任务)提供有效的保障。

训练指导思想是根据球队的实际情况及训练计划实施的目标而拟定的富有创造性的指导性文件。

三、训练计划的内容

训练计划种类多样,但是不管什么类型的计划,它们所包含的基本内容大致相同,只是在计划完成过程中所抓重点有所区别,从而使训练过程按预定设计方向更科学有效地运行。训练计划的一般内容如下表所示:

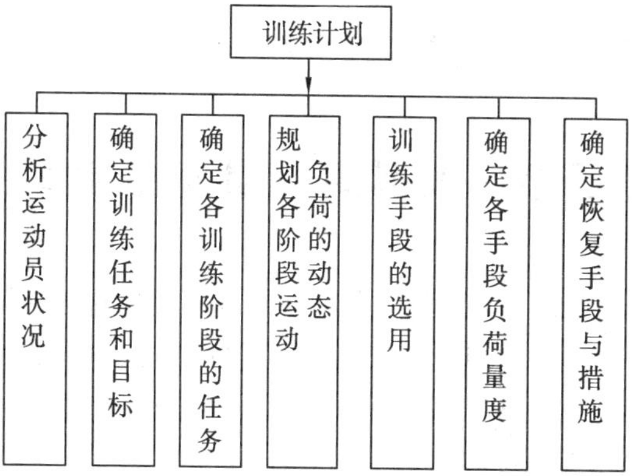

教练员制定训练计划时，通常分三个步骤完成。首先，要正确分析本队运动员的现状，对他们具备的技战术修养、身体和心理素质给予正确的定位，科学划分训练阶段，确定各阶段具体任务，这是完成整个训练任务和目标的基本点。其次，科学规划整个训练过程中运动负荷的动态变化，为实现各个分阶段目标和完成总任务提供科学依据。最后，就是要制定完善的运动恢复措施，这是确保达成目标的科学保证。最后，在制定训练计划的各个基本内容中，必须规划好各基本内容的评定检查方法和具体时间，这是保证计划符合训练实践要求，提高训练实效的重要手段。

四、训练计划的制定

在足球训练实践中，人们一般按训练计划的时间跨度长短来划分：

多年训练计划，一般以世界杯比赛四年时间为一周期（也可根据训练对象的具体情况延长或缩短）。

全年训练计划，一般以一年时间为界限。

阶段（大周期）训练计划，一般以 4～6 周为宜。

周训练计划，一般为 7～10 天时间。

课时训练计划，一般持续 45 分钟到 3 个小时。

第二节　足球教练员与足球训练

足球训练是一个综合复杂的系统工程，其主要参与者是教练员和运动员，他们分别扮演着不同的角色。运动员是足球训练中的实践者，是该系统工程的主体；而教练员则是该系统的设计者、主导者，他在训练中起着监控引导作用。

一、足球教练员

足球训练工作已经进入高度专业化时代，球队要想取得优异成绩，获得成功，教练员的作用显得尤为关键。在职业俱乐部组织机构中，一个成功的教练员不光是在训练和比赛中对运动员进行指导，他同时还扮演着多重角色：传授广泛的知识；做各项有益宣传；广泛采纳科学的训练方式指导球员；约束队员；公关；积极学习新知识和他人的经验；等等。

教练员必须具备的条件：

（1）全面了解球队队员及他们各自的兴趣与动机。

（2）融入球队，有很强的自信心和参与性。与球员公平合作，真诚对待每名球员。

（3）有完成任务的干劲。

（4）有敏捷的洞察能力，决策果断，目的明确。

（5）勇敢、自信、博爱，尊重他人。

教练员必须具备的能力包括：认知能力、规划设计能力、实际操作能力、检查评判能力、调控比赛过程的能力、运动队管理能力、科学研究能力、探索创新能力及社会活动能力等。

二、训练的基本保障

足球训练过程是受多种因素影响的多目标系统，它最终所体现的效能是训练各环节有机组合的结果，它不仅反映在有机体竞技能力各因子的互相协调上，同时又体现在影响这一实践过程的各种因素之间的互相配合中。一般来说，这些因素主要包括：训练的环境、运动员身体状况、训练管理信息等。下面着重对前两个因素作一阐述。

1. 训练环境

训练环境主要指保证训练过程按计划实施,并能达到预定目标而所提供和创造的训练条件和氛围。

完备的物质保障系统是足球训练的基础,其作用主要体现在:

(1) 为训练的系统性、长期性提供有力保障;

(2) 保证球员全身心投入训练;

(3) 为球员身体训练、心理训练创造条件;

(4) 为球员技术、战术训练提供保障;

(5) 为训练、比赛提供保障。

场地、器材、设备是足球训练的基本条件,是训练正常进行的基本保障。国际足联对足球训练的软硬件设施均有要求,包括对训练场地的位置选择、练习场地草坪的要求、周边环境等等。同时,它还涉及训练的辅助系统,如运动监护系统、运动恢复设施、身体练习设施及技战术分析的多媒体系统等。

足球已成为社会文化的一部分,早已渗透到社会生活的各个层面。随着足球的职业化发展,其社会属性已经体现得淋漓尽致。足球运动员、教练员、运动队不可能游离于这一多元化的社会而存在,必然受到社会各种因素的影响和制约。为此,如何解决好各种矛盾,处理好方方面面的关系,以求得社会各界对足球运动的理解和支持,使足球运动健康成长,是每个足球人所必须正视的问题。

足球队是一个特殊群体,足球运动的特点决定了它集体统一性和协调性的要求。每一球员个体都依附存在于足球队这一群体,它们相互联系、相互影响,形成一个群体环境。在这一集体中,每个球员的观念、意识互相统一、碰撞,最终表现出具有鲜明的群体意识和价值取向,而这一群体意识又反过来影响着每个球员的态度。因此,集体意识是每个球员能力、智慧融合的结果,球队的集体观念和意识在很大程度上决定了它的战斗力和凝聚力。而身为球队教育者、管理者的教练员,他们的观念、意识、精神风貌及言行举止直接影响并且左右着整个球队的集体，对球队集体意识和价值观念具有重要影响。

2. 运动员身体状况

从一定意义上来讲，运动训练就是不断挑战人体极限的生物体改造过程，是人体不断承受负荷刺激，逐步适应，最大限度地提高和发挥机体能力，达到竞技水平不断提升的目的。因此，运动员身体的健康程度及其机能水平是其竞技能力发展的物质基础，是决定其能否承受大负荷刺激的必要条件。为此，获取运动员训练前其身体的有关信息，以确定未来训练内容和目标，是每个训练过程开始前的必备工作。

身体检查是足球训练中医务监督工作的一项重要内容，其作用主要体现在：

（1）全面了解运动员健康状况，以确定其能否适应未来训练的要求；

（2）为评定运动员训练状态提供科学依据；

（3）根据健康水平和发育程度，为确定和选择青少年运动员今后的训练方向及训练负荷提供参考；

（4）对存在运动性疾病的运动员今后的训练提出建议。

足球训练中对运动员身体的检查主要涉及其心血管系统及肌肉骨骼系统。心血管系统检查包括心脏、心率、血压、血红蛋白等的检查。肌肉骨骼系统的检查，首先观察运动员肌肉弹性、发达情况以及其紧张和放松时的硬度、弹性指数等，然后通过测力系统测量运动员的握力、背力及上下肢力量。足球运动对运动员的腰腹力量、下肢力量要求尤其严格，包括各关节屈伸肌群的情况。最后检查和测定运动员各关节发育及功能情况，包括胸廓、脊柱形态，上下肢形态与功能，重点为下肢情况，包括下肢长短和外形，有无“O”形腿、“X”形腿及平足现象，对其髋关节、膝关节的活动范围以及韧带情况等也要了解。

第三节 足球的一般训练

足球训练是一个专门的组织过程,它有其自身的规律和特点。一般的足球训练包括足球专项训练和身体素质训练,二者有机结合,自始至终贯穿足球训练全过程。一般认为,只有在全面发展运动员身体素质,改进其身体形态机能的基础上,才能进一步发展和提高足球专项技能、体能和智能。

足球的专项训练前面已作过介绍。

足球的身体素质训练,一般包括速度、爆发性力量、灵敏、柔韧和耐力等方面的训练。

足球的身体素质训练是为了保证队员有较高的效率而符合现代足球比赛的要求。一般来说,身体素质训练须遵循针对性原则和互辅性原则。针对性原则是指在素质训练过程中,必须做到每一训练科目的安排在训练目的、年龄状况、个人特点等方面具有针对性。互辅性原则包括两种含义:一是指身体素质应有一般和专项两种形式的结合;二是对身体素质的提高有促进作用,即一种素质因素的发展,对其他素质因素的提高有促进作用。

一、速度素质训练

练习 1 下坡跑。根据队员的具体情况,选择不同角度的下坡,做下坡跑,以发展其动作频率。

练习 2 多种姿势起动跑。在距排头 15 米—20 米处,以旗杆为标志物,听到教练员的哨声后,快速起动冲跑过标志物。

练习 3 看“数”追跑。将队员分为四组,围成一圈,间距 5 米左右,看到教练员手指示数,该组队员立即追跑(图 5-1)。

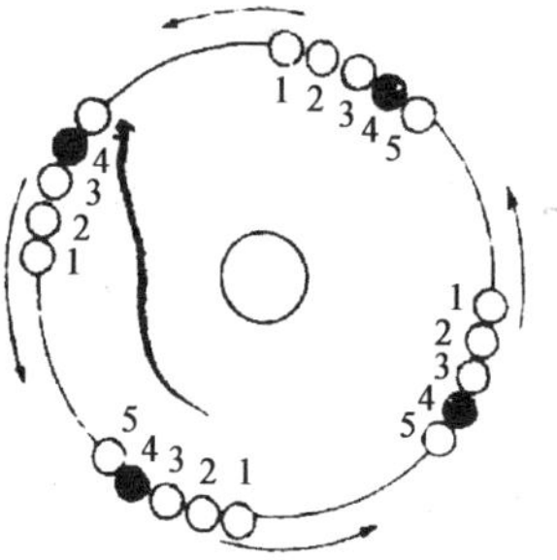

图 5-1

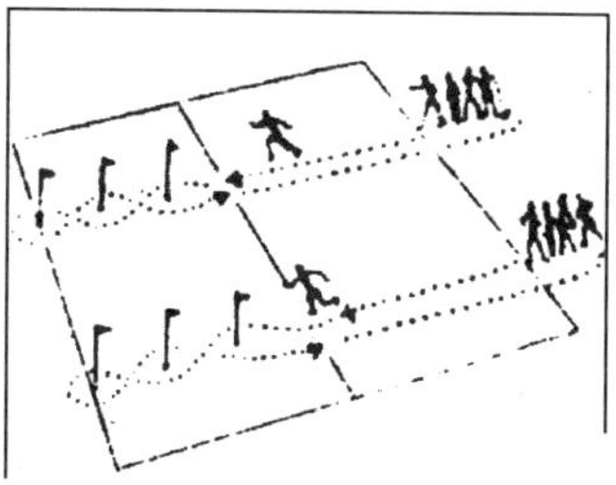

图 5-2

练习 4　直线、曲线运球接力跑。听到教练员鸣哨后开始运球跑，先直线后曲线过杆，返回后把球交给下一个运动员，再跑到队尾（图 5-2）。

练习 5　运球射门。先运球至禁区前射门，然后跑到另一队排尾。动作要快速、果断。两组练习，两组捡球，然后交换（图 5-3）。

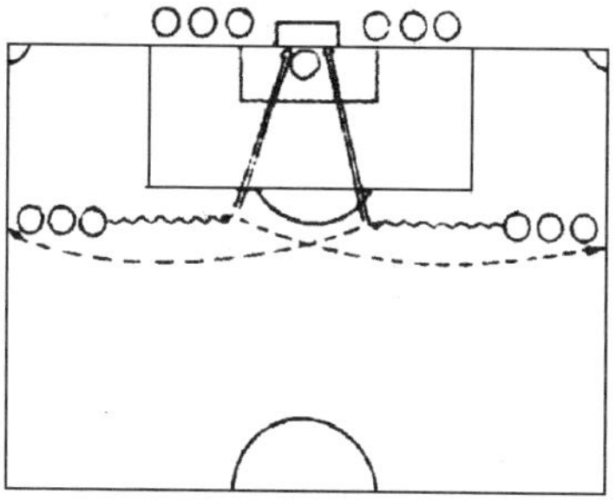

图 5-3

二、爆发力量素质训练

练习 1　持重仰卧起坐。队员双手置杠铃片于头后，呈仰卧姿势，然后坐起。此练习要求练习者膝不弯屈，脚被固定于某一物体上或由同伴压住（图 5-4）。

图 5-4

图 5-5

练习 2　展腹跳。要求练习者在跳动中运用爆发性力量并充分展腹(图 5-5)。

练习 3　单腿蹲起。两人面对面呈半蹲姿势,左腿屈膝,右腿伸直与对面队员腰部齐平。两人手臂平举互接,做单腿上下屈伸练习,两腿交替做。要求蹬起时体现出爆发性和协调性(图 5-6)。

图 5-6

图 5-7

练习 4　倒地起身。两人一组,一人运球,一人铲球,要求铲球者倒地后以尽可能快的速度恢复站立并去追球(图 5-7)。

练习 5　小腿负重踢球。踢球者可在小腿上缠沙袋或其他重物,练习助跑踢定位球或跑动中踢球。要求在不影响正确动作规范的前提下,尽量用力击球(图 5-8)。

图 5-8

三、灵敏素质训练

练习 1 滚翻练习。队员们在垫子上做各种滚翻练习，如前滚翻、后滚翻、侧滚翻、鱼跃前滚翻等（图 5-9）。

图 5-9

练习 2 躲闪运球。众多队员在规定区域内躲闪运球。要求人、球互不相撞（图 5-10）。

图 5-10

练习 3 打鸭子游戏。全队分成两组，一组围成一圈，另一组分散站在圈内，圈外队员用一个球掷击圈内的队员，被击中者站到圈外参加击打，看谁最后被击中。在规定时间内，被击中人数少的队为胜（图 5-11）。

练习 4 带球跑。每个队员运一球做带球跑，在运球中做各种虚晃、拨挑、颠耍、起动回扣等动作。队员在做这些动作时，假设有一防守者，尽可能多变，多用各种方式的运球过人技巧，并注重动作的突然性与身体在晃动中的制动训练（图 5-12）。

图 5-11

图 5-12

练习 5　虚晃摆脱。三人一组，一人传球，一人盯防，一人利用左右虚晃动作突然摆脱对手。传球者与要球者相距 5 米左右，盯人者紧逼要球者，三人轮换进行练习。练习时，要求接球者把注意力侧重于身体动作的灵敏性上，注重动作的突然性和身体在各种姿势下的控制能力(图 5-13)。

图 5-13

四、柔韧素质训练

练习1　静力拉伸法。通过缓慢动作将肌肉、韧带等软组织拉长，当拉到一定程度就静止不动。拉伸的幅度和力量以本人承受能力为限，停留时间为8—10秒，反复练习3—6次。通常练习方法如站立体前屈下压、靠墙站立体前屈、仰卧背伸等（图5-14）。

图5-14

练习2　捅球。一队员慢速运球，另一队员离稍远距离伸脚捅球（图5-15）。

图5-15

图5-16

练习3　蹬跨步铲球。一队员慢速运球，另一队员在一定距离内蹬跨步铲球（图5-16）。

练习4　侧踢凌空球。一人抛球，一人练习，抛球距离应使踢球队员充分伸展躯体（图5-17）。

练习5　展腹屈体。两人一组，一人充分展腹将球交接给屈体接球的同伴（图5-18）。

图 5-17

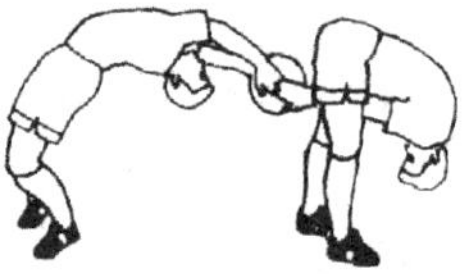

图 5-18

五、耐力素质训练

练习 1　12 分钟连续跑，或更长时间的连续越野跑。

练习 2　在规定时间内做一对一的抢球和控球练习，以及二对二、三对三、五对五等传、抢球练习。

练习 3　在规定的时间内，在连续跑动中传球和射门练习。

练习 4　原地快速跳绳。

练习 5　5 米、10 米、20 米、25 米折返跑（图 5-19）。

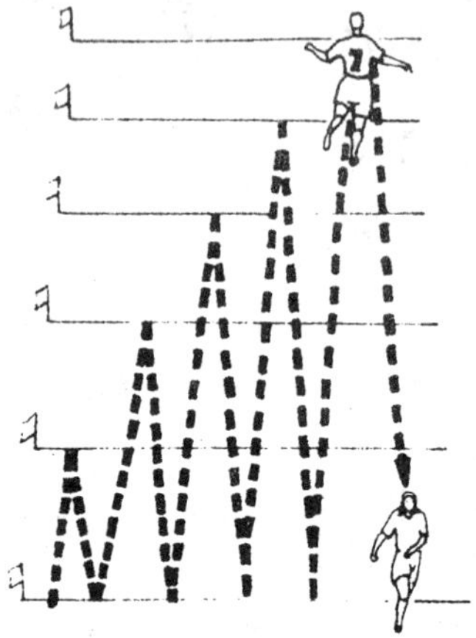

图 5-19

第六章　足球竞赛的组织与裁判

第一节　足球竞赛的组织工作

组织足球竞赛是一项复杂而又细致的工作,涉及的面比较广。组织工作做得怎样,直接影响竞赛的进行及竞赛任务的完成情况。因此,必须根据竞赛的任务、性质和规模,科学地、细致地进行安排。

竞赛的组织工作可分为竞赛前的筹备工作、竞赛期间的工作和竞赛结束工作三个阶段。

一、竞赛前的筹备工作

在筹备工作中,比赛主办单位应根据竞赛的性质、规模的大小,召集各有关单位成立比赛的领导机构——组织委员会或筹备委员会,讨论竞赛的组织方案、竞赛规程、工作计划和组织机构等问题,并提交领导机构审定。

(一) 讨论和确定组织方案

应根据上级单位或有关部门的竞赛工作计划与竞赛性质来确定组织方案。一般包括以下内容:

竞赛的名称、目的和任务:一般根据上级对比赛提出的任务和要求以及竞赛的性质来确定。

竞赛的规模:根据竞赛的目的和任务来决定,其主要内容应包括主办单位、参加单位和参加运动员人数、竞赛的地点和日期等。

竞赛的组织机构：应根据实际需要建立必要的机构，它包括组织形式、工作人员名额、组织委员会下设的主要工作部门及其负责人名单等内容。

经费预算：包括经费的来源与支出，经费来源主要有上级拨款、赞助费、广告收入等，经费支出主要有比赛场地的修建、器材设备、奖品、奖金、出场费以及交通、食宿、接待、医药和办公文具用品等方面的开支。

（二）成立组织机构

组织机构的形式与规模应与竞赛规模相适应，并根据实际工作需要来组建。全国性或地区性的竞赛，一般是由国家体育总局和省市级体育总局承办。基层单位的竞赛，由基层单位体育部门或有关部门负责组织。

（三）组织机构各部门的分工

各部门应根据计划进行分工，在分工明确的同时，要相互协作，密切配合，共同完成竞赛任务。竞赛规模较大的组织形式如下：

- 组织委员会
  - 竞赛处
    - 竞赛组
    - 裁判组
    - 调研组
    - 场地组
  - 秘书处
    - 宣传组
    - 会刊组
    - 治安保卫组
    - 新闻报道组
  - 总务处
    - 财务组
    - 医务组
    - 交通组
    - 接待组
- ----仲裁委员会

竞赛规模较小的组织形式如下：

组织委员会
- 竞赛组
- 裁判组
- 场地组
- 宣传组
- 治安保卫组
- 总务组

仲裁委员会

各主要机构的工作职责如下：

1. 组织委员会(领导小组)

负责大会的筹备工作，制定有关文件，对外联络等，全面负责赛事各方面的工作，如：

(1) 制定和贯彻比赛的方针。

(2) 研究和批准竞赛规程。

(3) 研究、批准、执行比赛工作计划。

(4) 审查和批准各部门的工作计划。

(5) 听取筹备工作汇报，研究解决有关问题。

(6) 竞赛期间领导检查各组工作，研究和处理竞赛中出现的问题。

(7) 结束后领导各组进行总结或处理有关善后问题。

2. 秘书处(办公室)

(1) 根据组织委员会(领导小组)的决议，组织配备各部门工作人员。

(2) 拟定工作计划，如组委会会议；裁判员报到、学习、体能测试的时间安排；场地器材的准备；动员工作；开幕式和闭幕式；领队会议；裁判长、教练员联席会议；大会总结；等等。

(3) 制定各种规章制度。

(4) 负责对外联系。

(5) 召开各种协调会议,统一解决各处(组)之间的问题。

3. 宣传处(组)

(1) 负责竞赛前的宣传、广告、报道等工作。

(2) 组织比赛期间的通讯报道、新闻发布会和会刊编辑等。

(3) 研究制定先进集体和个人的评选条例,并负责评选工作。

(4) 组织参观和娱乐等活动。

4. 竞赛处(组)

(1) 负责编印秩序册。

(2) 检查场地和各种器材的准备情况。

(3) 制定竞赛中的科研计划,并予以实施。

(4) 制定裁判工作计划(包括人数、来源、裁判长的人选、培训等),督促裁判组学习,负责裁判员的体能测试等。

(5) 召开有关会议,解决比赛中的各种问题。赛前应召开裁判长与教练员联席会议。

(6) 安排各队练习时间和场地,组织经验交流、座谈等。

5. 总务处(组)

(1) 编制竞赛期间的经费预算。

(2) 组织场地广告、联系赞助等。

(3) 负责交通、食宿、医疗、采购文具及其他用品等。

(4) 负责比赛期间的生活管理工作,及时召开有关会议,听取意见,解决有关生活方面的问题。

6. 仲裁委员会

研究和处理整个竞赛过程中发生的违反竞赛规程和竞赛规则的队及运动员、裁判员、领队、教练员,对其采取警告、暂停或取消比赛和取消工作资格等处理措施。

(四) 制定竞赛规程

竞赛规程是竞赛组织者和参加者的指导性文件。竞赛规程由主办单位在比赛前制定,并提前发给有关单位,以便提前做好准备工作。

竞赛规程主要包括下列内容:竞赛的名称、竞赛的目的和任务、主办单位、竞赛日期和地点、参加单位、各单位参加人数、参加资格、报名和报到日期、竞赛办法、录取名次和奖励办法以及注意事项等。

制定规程是要保证顺利地执行规则,如对发生暴力行为、打假球的制裁,对不同年龄组的用球、比赛时间、场地作出规定等。规程应保证竞赛的公平,如运动员的资格、不同级别比赛的年龄限制、如何合理地排定名次等。竞赛规程应与训练方针统一。如中国足协为了改变中国足球运动员体能较差的现实,在全国足球超级联赛规程中规定,运动员必须进行自由跑测验,不达标者不能参加当年的联赛。竞赛规程制定应有助于树立良好的赛风,如对恶劣的犯规给予严厉的处罚,开展"道德风尚奖"的评比活动等。

附:竞赛规程示例

一、竞赛名称(简要概括比赛的范围、对象、性质。为使比赛社会化,增加资金来源,可寻求赞助,并冠以企业或产品名称为比赛杯名)

二、竞赛目的(简要说明比赛的目的和任务)

三、举办单位(说明主办、协办和承办单位)

四、比赛时间、地点

五、参加办法

(一) 参加单位(划定参加比赛范围)

(二) 参加资格(规定参赛运动员的资格)

(三) 参加人数(领队、教练员、运动员、工作人员及裁判员人数)

(四) 报名日期(规定报名最后截止期限)

六、竞赛办法

（一）确定比赛规则

（二）采用竞赛制度（循环制或淘汰制或混合制或主客场制等）

（三）计分办法

1. 规定胜一场、平一场、负一场所得分数。

2. 如两队或两队以上积分相等按何方法排列名次。

（四）对运动队违反竞赛纪律，如严重恶劣的犯规、弃权、罢踢等情形的处罚办法

（五）对比赛服装、鞋和球的规定

（六）根据比赛宗旨、任务作出的特殊规定

七、录取名次和奖励办法

八、运动员、裁判员报名和报到的时间、地点

九、裁判员与仲裁委员会

（一）确定裁判长、裁判员的聘、选、派办法

（二）仲裁委员会的组成和执行有关条例的规定

十、经费

十一、注意事项

未尽事宜另行通知。

×××（主办单位）

××××年×月×日

（五）制定工作计划

根据竞赛的组织方案、竞赛规程和规定的日期，各部门按自己的职责范围拟定具体的工作日程，以便有条不紊地有计划地做好赛前各项准备工作。

二、竞赛期间的工作

(1) 有关部门和裁判员应深入到球队中去,征求意见,不断改进工作,对发生的问题及时研究解决,并定期召开领队、裁判长、教练员联席会议。

(2) 每场比赛前裁判组应分头召开准备会,协调主、边裁工作。比赛结束后,应及时将比赛成绩交竞赛组,并进行赛后总结,填写有关表格。

(3) 竞赛组每天及时公布比赛成绩,并做好红、黄牌和有关数据的统计工作。

(4) 场地组应经常对比赛场地、器材和设备进行检查、维护和管理,以保证比赛顺利进行。

(5) 遇有特殊情况需要更改比赛日期、时间和场地时,竞赛组应及时通知有关部门和比赛队。

(6) 治安保卫组应经常注意宿舍和比赛场地的安全和秩序。

三、竞赛的结束工作

(1) 竞赛组织机构的各部门总结比赛期间的工作。

(2) 组织和举行闭幕式,做比赛的总结报告,宣布比赛成绩和颁发奖品。

(3) 安排各队离会的有关事宜。

(4) 清理比赛场地、器材,印发比赛成绩,结算经费,清点物资。

(5) 组织委员会结束工作,并向上级汇报工作情况。

第二节　竞赛制度、编排与成绩计算

按照有关竞赛制度，在足球比赛中常采用的有循环制、淘汰制和混合制三种。一般根据比赛的目的、任务、要求，以及竞赛时间的长短、参加队的多少和训练水平、比赛场地、人力、财力等因素来考虑选择某种竞赛制度。

一、循环制

循环制分为单循环、双循环和分组循环三种。

单循环就是所有参加比赛的队，在比赛中都要相遇一次，最后按各队在全部比赛中的得分多少排定名次。

双循环就是所有参加比赛的队在比赛中都要相遇两次，即进行两次单循环，最后按各队在全部比赛中的得分多少排定名次。

分组循环就是将参加比赛的队分成若干个组，各组进行单循环赛排出名次后，再按竞赛规程中规定的办法进行下一阶段的比赛。

采用循环制，各队比赛场次增多，有利于相互学习，共同提高，名次的排定也较为客观。如参加比赛的队数较多，同时又受时间限制时，可采用分组循环的方法；如参赛队数不多，而时间又允许时，则可采用双循环的方法。

（一）循环制的编排方法

1．比赛总场数和轮数的计算方法

$$\text{单循环比赛总场数}=\frac{\text{参加比赛队数}\times(\text{参加比赛队数}-1)}{2}$$

单循环比赛轮数：若参加比赛的队是单数，则比赛的轮数等于比赛的队数；若参加比赛的队是双数，则比赛的轮数等于比赛队数减一。

例如，有 6 个队参加比赛，则：

$$比赛总场数 = \frac{6 \times (6-1)}{2} = \frac{30}{2} = 15$$

比赛的轮数 $=6-1=5$

双循环的比赛总场数比单循环增加一倍。分组循环的比赛总场数等于每组比赛场数之和。

2. 比赛轮次表的编排

不论参赛队是单数还是双数，一律按双数编排。若参赛队为单数时，用"0"号代表一个队，使之成为双数，碰到"0"号的队即为轮空。

编排时先以号数代表队数，将其平均分为两半，前一半号数由 1 号起自上而下地写在左边，后一半号数自下而上地写在右边。然后再把相对的号数用横线连起来，这就是第一轮的比赛。轮转的方法是：1 号位置固定不动，其他位置按逆时针方向轮转一个位置，再把相对的号用横线连起来，这就是第二轮的比赛。依此类推，排出其余轮次。

例如，有 7 个队和 6 个队参加比赛，其循环方法如表 6-1、6-2：

表 6-1　7 个队参加比赛

第一轮	第二轮	第三轮	第四轮	第五轮	第六轮	第七轮
1－0	1－7	1－6	1－5	1－4	1－3	1－2
2－7	0－6	7－5	6－4	5－3	4－2	3－0
3－6	2－5	0－4	7－3	6－2	5－0	4－7
4－5	3－4	2－3	0－2	7－0	6－7	5－6

表 6-2　6 个队参加比赛

第一轮	第二轮	第三轮	第四轮	第五轮
1－6	1－5	1－4	1－3	1－2
2－5	6－4	5－3	4－2	3－6
3－4	2－3	6－2	5－6	4－5

各队抽签后，将抽到的号签填到轮次表中，编出比赛的日程表。编比赛日程表时，应考虑到每个队两场比赛之间的休息时间大体一致，上、下午或晚上比赛的次数尽量相同等。

分组循环时，为了使分组较为合理，更能反映比赛的实际水平，一般采用“种子队”或“蛇形”排列分组的办法。

“种子队”的确定，首先应根据上届比赛的名次或根据参加比赛队的水平，在领队会上协商解决。“种子队”确定后，先将“种子队”经抽签分到各组里，“种子队”数应等于分组数或者是分组数的倍数。然后再用抽签的方法确定其余各队所在的组。

“蛇形”排列分组，是按上一届名次进行分组。如有 12 个队分成 3 组时，排列方法如表 6-3。

表 6-3　“蛇形”排列分组表

第一组	第二组	第三组
1	2	3
6	5	4
7	8	9
12	11	10

（二）循环制成绩计算方法

循环制的计分方法必须在竞赛规程中明确规定。以往计分一般是胜一场得 2 分，平一场得 1 分，负一场得 0 分。第十五届世界杯足球赛中规定，胜一场得 3 分，平一场得 1 分，负一场得 0 分。国际足联要求所属会员国在其本国的正式足球比赛中均采用 3 分制。我国自 1995 年全国足球甲级联赛起已正式采用 3 分制。

具体计分方法一般是以全部比赛积分的多少决定名次，积分多者名次列前。若两队或两队以上积分相等时，可选择净胜球、胜球数、负球数、胜负场数或两队间的胜负关系来决定名次；如最后仍相等，则可抽签决定名次。

二、淘汰制

淘汰制有单淘汰和双淘汰两种。比赛中失败一次即失去比赛资格的方法为单淘汰，失败两次即失去比赛资格的方法为双淘汰。

淘汰制一般在参加的队数多、场地少、比赛期限短时采用。淘汰制能激励参赛队积极进取，力争胜利，在比赛中高水平的队逐渐集中，将比赛一步步推向高潮，而且较为节省时间。其不足是有些队参赛场次少，不利于通过比赛实践锻炼提高。单淘汰的偶然性较大，很难做到公平合理。双淘汰给初次失败的队增加了一次机会，这样产生的名次较单淘汰合理。

（一）单淘汰

1. 总场数和轮数的计算方法

单淘汰比赛总场数 = 参赛队数 - 1

比赛轮数：若参加比赛队数等于 2 的乘方数，则比赛轮数等于 2 的指数；若参加比赛队数不是 2 的乘方数，则比赛轮数为略大于参加队数的 2 的指数。

例如，8 个队参加比赛，总场数则为 8 - 1 = 7，轮数则因 8 是 2 的 3 次乘方，即比赛为 3 轮（表 6-4）。

又如，5 个队参加比赛，总场数则为 5 - 1 = 4。轮数是略大于 5 的 2 的乘方数，所以是 8，而 8 是 2 的 3 次乘方，所以比赛为三轮（表 6-5）。

表 6-4　8 个队参赛轮次

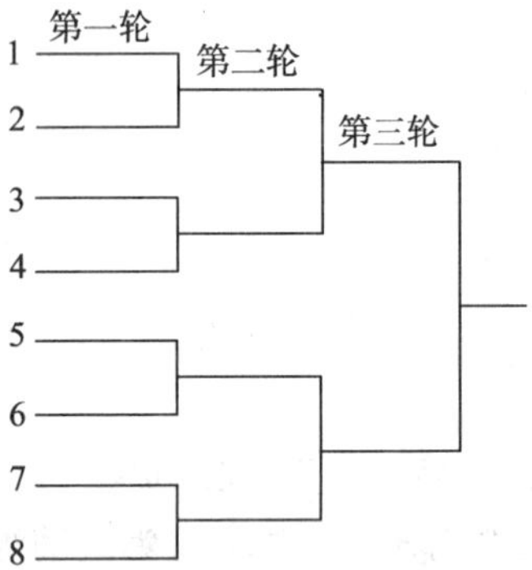

表 6-5　5 个队参赛轮次

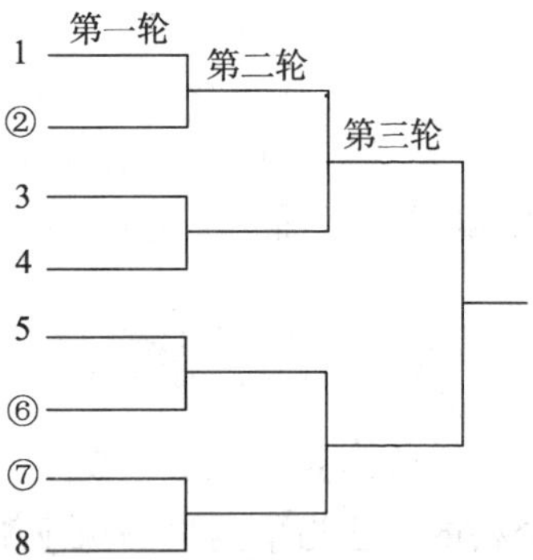

2. 编排方法

(1) 轮空队的编排

如果参加比赛队数是 2 的乘方数,则第一轮比赛没有轮空,所有的队都参加比赛。如果参加比赛的队数不是 2 的乘方数时,则必须在第一轮的比赛中有一部分队轮空,使第二轮的比赛队数成为 2 的乘方数。因此,应先计算出第一轮的轮空队数。

轮空队数确定方法:

轮空队数等于或略大于参赛队数的 2 的乘方数减去参赛队数。

根据淘汰制的特点,为了能较准确地反映比赛的实际水平,使实力较强的队较晚或最后相遇,使末轮比赛更为精彩,必须把轮空的位置安排在"种子队"的旁边。

为了编排方便,并考虑一次比赛或一个比赛组不超过 32 个队的情况,可按下列轮空位置表安排。

轮空位置表:

2	31	18	15	10	23	26	7
6	27	22	11	14	19	30	3

查表方法:用稍大于参赛队数 2 的乘方数作为最大位置号数。

再根据轮空队数，在轮空位置表上由左向右依次找出小于最大位置号数，就是轮空位置。与轮空位置相遇的队就是第一轮的轮空队。

例如，12 个队参加比赛，稍大于 12 个队的 2 的乘方数是 16，16 − 12 = 4，即第一轮轮空队是 4 个队（表 6-6）。

表 6-6　轮空位置表

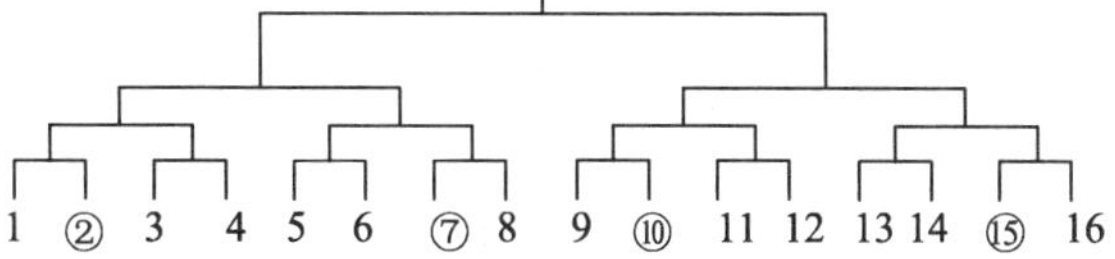

（2）“种子队”的编排和比赛表的分区

确定“种子队”，主要是依据它的技术水平或近期参加主要比赛的成绩。一般“种子队”数应根据参赛队的多少而定。“种子队”应平均分布在各个区内。

“种子队”的编排方法一般有抽签和查表两种方法。

抽签编排法：若 32 个队参赛，设 4 个“种子队”，将“种子队”分批抽入不同的区。先将 1、2 号“种子队”分别抽入上半区顶部（1 号位）和下半区底部（32 号位）；然后将 3、4 号“种子队”分别抽入上半区底部和下半区顶部。

查表编排法：位置安排方便合理，按比赛所设种子队数，在种子队位置表上由左向右依次找出小于或等于位置号数，就是“种子队”的位置。

种子队位置表：

1　32　17　16　9　24　25　8

（二）双淘汰

1. 总场数计算方法

总场数 = 2 ×（参赛队 − 1）

例如,8 个队参加比赛,则:

总场数 $=2\times(8-1)=14$

2. 编排方法

双淘汰的编排方法基本上和单淘汰相同,只是进入第二轮后,要把负队排在左半区(横向编排),编排起来再进行比赛;胜队继续参赛,负队被淘汰。若最后决赛的两个队都是各败一场,还需再加赛一场决定冠亚军(表 6-7)。

表 6-7　8 个队双陶汰比赛秩序表

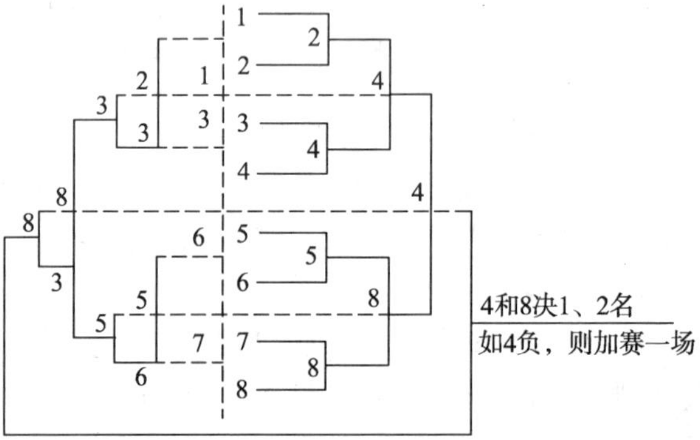

三、混合制

混合制就是把一次竞赛分为两个阶段,第一阶段采用循环制,第二阶段采用淘汰制。混合制综合了循环制与淘汰制的优点,弥补了两者不足,尽可能地减少比赛胜负的偶然性,使比赛名次的产生更为合理、客观,能较真实地反映各队的实际水平。同时,随着比赛进程的推进,比赛逐渐进入高潮,赛事更加精彩激烈。第十五届世界杯足球赛就是采用这种方法。

在进行第二阶段淘汰制时一般有以下几种不同的方式:

（一）交叉赛

例如，第一阶段分 A、B 两组进行单循环赛，排出各组的名次。第二阶段淘汰赛时，两组的前两名进行交叉赛，即 A 组第一名与 B 组第二名，B 组的第一名与 A 组的第二名进行比赛。两组的胜队进行决赛，胜队为冠军，负队为亚军。若要排出三、四名时，两组的负队进行附加赛。同样，各组的三、四名用此方法决出第五至第八名，依此类推。

（二）同名决赛

第二阶段淘汰赛时，两组的第一名决出冠亚军，两组的第二名决出三、四名，依此类推。如果第一阶段是分成 4 个组循环赛时，先由 4 个组的第一名进行半决赛，胜队进入决赛，负队进行附加赛，最终决出前四名。1982 年第十二届世界杯足球赛就是用这种方法决出一至四名的（表 6-8）。

表 6-8　混合制决出前四名比赛表

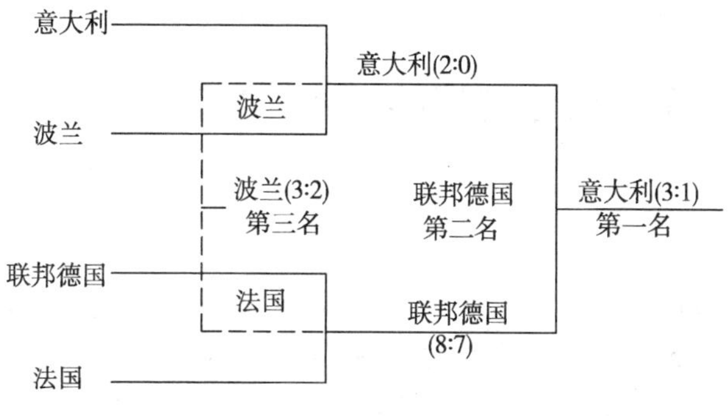

（三）“佩奇”制（“PAGE”制）

将第一阶段循环赛产生的前四名或分两组循环赛产生的各组前两名，按下面顺序进行淘汰赛。

（1）第一半决赛：第三名与第四名（或各组的第二名）进行比赛。

(2) 第二半决赛：第一名与第二名（或各组的第一名）进行比赛。

(3) 决赛（又称复活赛）：第一半决赛胜队与第二半决赛负队进行比赛。

(4) 主决赛：第二半决赛胜队与决赛（复活赛）胜队比赛。

名次决定：主决赛胜队为冠军，负队为亚军，决赛负队为第三名，第一半决赛负队为第四名。

第三节　足球竞赛规则

足球竞赛规则是足球竞赛中的法定性文件，是规范运动员比赛行为的法规，也是裁判员照章执法的准则。它是根据足球竞赛争夺激烈、对抗性强等特点，为了使比赛公正合理地进行，保护运动员身体健康，促进足球运动技战术发展而制定的。

一、关于足球比赛场地、器材的规定

(一) 比赛场地

1. 球场

足球比赛场地必须是长方形，国际比赛中，球场面积不大于110米×75米，不小于100米×64米。国际足联曾规定世界杯比赛阶段比赛场地为105米×68米。球场地面必须平坦，软硬合适，以不伤害运动员和不影响球的正常运行为原则。

2. 界线、边线、球门线

比赛场地各条线的宽度不超过12厘米。边线是表示足球场地长度的线。球门线，即放置球门的线，是表示足球场地宽度的线，球门线的宽度与球门柱的宽度相等。由边线和球门线构成的

区域是运动员进行比赛的基本场地范围,比赛中,未经裁判员允许,任何人不得擅自进入或离开场地。

当球的整体从比赛场地的地面或空中越过边线时,为球出界或死球,以掷界外球恢复比赛。

当球的整体从比赛场地的地面或空中越过球门以外的球门线或死球时,以踢球门球或角球恢复比赛。

当球的整体从地面或空中越过球门的球门线时,判定进球有效。

3. 中线、中点、中圈、球门区、罚球区、罚球点、罚球弧、角球弧

中线: 把整个球场分为两个相等的半场,其宽度包括在每个半场面积内。

开球时,双方队员须站在本方半场内,且守方队员不得进入中圈。当裁判员鸣哨后球进入比赛状态,这时,双方队员才可以进入对方半场。队员在本方半场没有越位。

中点: 俗称开球点,开球时球必须放在该点上。

中圈: 以中点为圆心,9.15 米为半径构成的圈。开球时守方队员必须站在中圈以外的本方半场内。

球门区: 在比赛场地两端距球门柱内侧 5.5 米处的球门线上,向场内各画一条长 5.5 米与球门线垂直的线,一端与球门线相连,另一端画一条与球门线平行的连线,这三条线与球门线构成的区域叫球门区。

守门员在本方球门区内受到保护,攻方队员在对方守门员没有抓住球,或跳起在空中持球,或没有阻挡进攻队员时,不允许对守门员做故意身体接触或冲撞。裁判员判停止比赛时,球正在球门区内,若以坠球恢复比赛,应在离停止比赛时球所在地点最近的与球门线平行的球门区线上坠球;在对方球门区内踢间接任意球时,也应在离犯规地点最近的与球门线平行的球门区线上执行,可以在球门区内的任意位置踢球门球及本方的任意球。

罚球区：在比赛场地距球门柱内侧16.5米处的球门线上，向场内各画一条长16.5米与球门线垂直的线，一端与球门线相连，另一端画一条与球门线平行的连线，这三条线与球门线构成的区域叫罚球区。

队员在本方罚球区内违反规则可判直接任意球的，判罚点球。罚点球时，除主罚队员和对方守门员外，其他队员均须退出罚球区及罚球弧以外的场内、罚球点的后面，只有球被罚出并向前移动后，比赛才恢复。

踢球门球或在本方罚球区内踢任意球时，对方应退出罚球区，球直接踢出罚球区，比赛才恢复。

罚球点：在两球门线中点，垂直向场内11米处，各做一个清晰的标记称为罚球点。罚点球时，球必须放定在罚球点上。如罚球点不清时，由裁判员确定罚球点位置。

罚球弧：以罚球点为圆心，9.15米为半径，在罚球区外画一段弧线叫罚球弧。罚点球时，除主罚队员和对方守门员外，其他队员均须在罚球区及罚球弧以外。只有球被踢出并向前移动后，队员才可进入罚球弧。

角球弧：以边线与球门线外沿交点为圆心，1米为半径，向场内各画一段1/4的圆弧，弧内区域为角球区。队员将球踢出本方球门线，由对方在离球出界较近的角球弧踢角球，踢角球时球的整体须放在角球区内。

比赛场地各线、点、区域如图6-1所示。

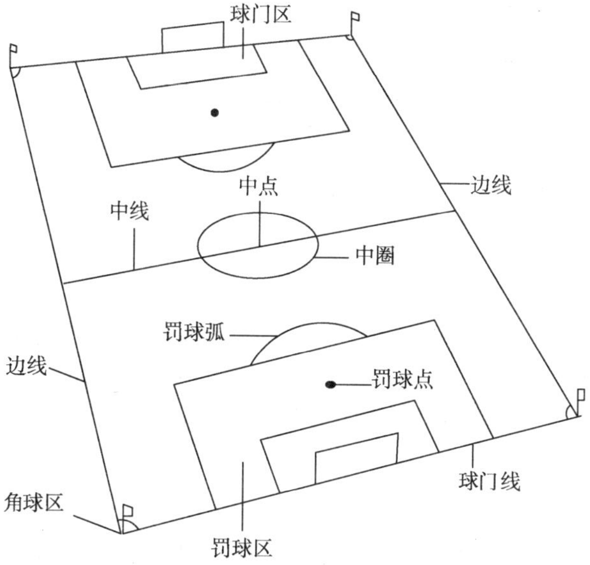

图 6-1

二、比赛器材

（一）球

比赛用球的外壳用皮革或其他适宜的材料制成，其结构中不得含有可能伤害运动员的材料。

球的圆周为 68 厘米—70 厘米，重量为 410 克—450 克。充气后压力相当于 0.6—1.1 个大气压。

一场比赛应准备两个球，其颜色应与地面颜色有明显区别。有条件的比赛采用多球制，除上述两个球外，在每条边线和球门线外面，各有多名捡球员共持有 8 个备用球，一旦球出界或死球，由就近捡球员负责替换，将备用球交给发球者。

（二）球门

球门设在球门线中央，每个球门由两根内沿相距 7.32 米，与两边角旗相等距离的直立门柱，以及一根下限距地面 2.44 米的水平横木连接而成，门柱及横木门宽度、厚度与球门线均应对称相等，不得超过 12 厘米。球门颜色为白色（图 6-2）。

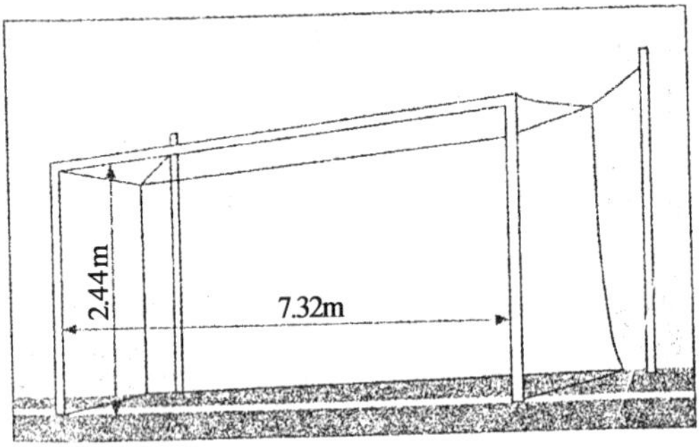

图 6-2

（三）角旗

角旗为场的四周的标志，竖于边线与球门线外沿的交点处。角旗杆高度不得少于 1.50 米，平顶，其颜色与助理裁判员用旗和场地颜色有明显区别。

（四）中线旗

在中线两端距离边线至少 1 米处，可各竖一面与角旗大小相同的中线旗，作为中线标志，以便于裁判员判罚越位。该旗也可不设。

（五）球门网

球门网的作用是帮助裁判员判断球是否进入球门。它挂在球门后面，并牢固附加在球门横木、立柱上，下端固定于地面使球不能穿过。球门网应撑起，使守门员有充分的活动空间，并在球进网后不致弹出（图 6-3）。

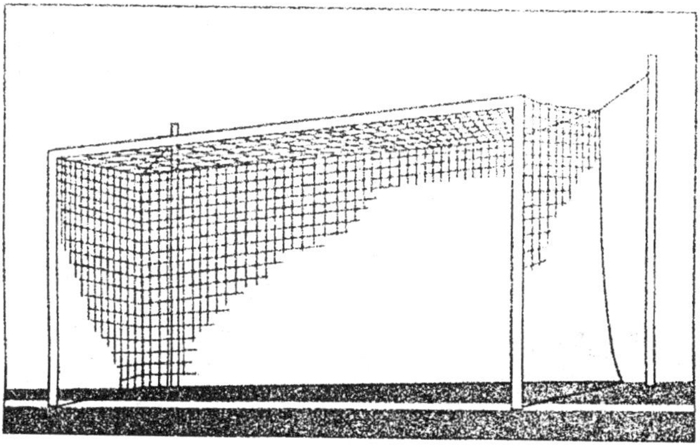

图 6-3

（六）场地四周

离边线 6 米处，不得有观众和任何障碍物。

限制线，用于摄影人员，它一般在球门线的距角旗 2 米、距球门区线与球门线交点 3.5 米、距门柱 6 米处划线。

第四官员席：第四官员席设在场外靠中线的延长线处。

替补席：替补员席位设在距第四官员席位两侧各 10 米左右并与之相齐处。比赛双方的教练员、替补队员及工作人员坐于替补席，一般为 14 个座位。

技术区域：在替补席两侧向外 1 米，距边线至少 1 米之内的区域称技术区。只允许一人在技术区内进行战术指挥，指挥后应立即返回替补席。技术区内的教练员和其他人员必须对自己的行为负责（图 6-4）。

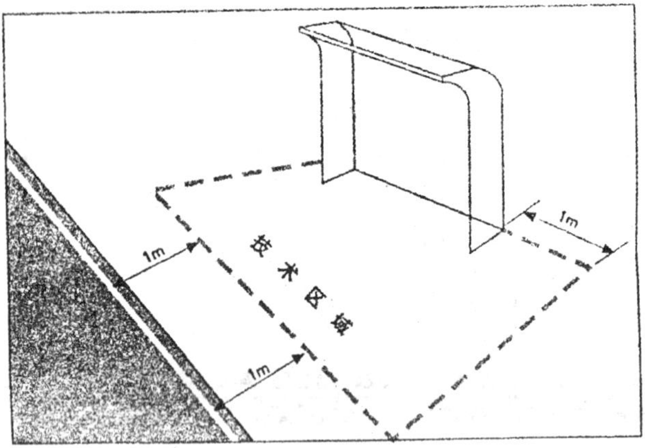

图 6-4

二、关于队员人数 装备的规定

(一) 运动员人数

1. 比赛队员

比赛有两队参加，每队上场队员不得多于 11 人，其中必须有 1 名为守门员。比赛开始时或进行中，如某队少于 7 名队员，则比赛不能进行。在比赛中守门员可以与场上其他队员互换位置，但必须事先报告裁判员并在比赛停止时进行。判断是否调换位置，以是否更换比赛服装为依据。

2. 替补队员

由国际足联、洲际联合会或国家足球协会主办的正式比赛中，每场比赛每队最多可以使用 3 名替补队员，替补队员应列入比赛前交给裁判员的替补队员名单中，未被提名的队员不能参加比赛。在其他比赛中，如各参赛队在最多替补人数上达成协议，并于比赛前通知裁判员，替补队员人数可增加但不得超过 6 名。被替补出场的队员不得再加入比赛，被罚出场的队员不得由替补队员来替补。

（二）运动员装备

1. 运动员基本装备

运动员基本装备为运动上衣、短裤、护袜、护腿板和足球鞋。队员服装(上衣、短裤、护袜)颜色必须一致,并与对方队员有明显区别。守门员服装颜色应区别于本队队员和对方队员。上衣放入短裤内,遇寒冷天气,守门员可穿长裤,裤管须塞在护袜内。运动员号码必须显示在上衣背后和上衣前部,位于上衣背后中间的;号码高在 25 厘米—35 厘米之间,显示在上衣前部的,号码高在 10 厘米—15 厘米之间。运动员号码还必须显示在短裤一条腿的前方,号码高在 10 厘米—15 厘米之间,号码与比赛服装颜色必须有明显区别。服装上运动员名字必须位于号码的上方,拼写姓名的字母不能超过 7.5 厘米高,颜色与号码一致;国家协会的特征、标志和名称必须在国际足联登记注册后方可印制,其位置、规格均有相应规定:

2. 护腿板

护腿板由橡胶、塑料、聚氨脂等材料制成,它必须由护袜全部包住。

3. 足球鞋

足球鞋上的钉柱须为圆形,螺钉、固定钉柱直径不得小于12.7毫米,且须全部旋入鞋底。钉柱一边由皮革、橡胶、铝等材料制成,模压钉柱直径应在 10 毫米以上。鞋上所有钉柱必须全部嵌入鞋掌内,钉柱不得长于 19.2 毫米。

三、裁判员、助理裁判员及第四官员的职责

（一）裁判员

裁判员是对从事裁判执法人员的泛指,一场正规的足球比赛

需要4名裁判员,共同承担裁判任务。通常将在比赛中执哨控制比赛的主裁称为裁判员,将场地外手执巡边旗沿边线协助主裁执法的称为助理裁判员,将场地外第四官员席上的称为第四官员。

裁判员是比赛规则的具体体现者和执行者,裁判员在比赛场上的一切行为必须以确保比赛顺利进行,保证比赛双方充分发挥竞技水平,以创造精彩流畅的比赛场面为目的。严肃、认真、公正、统一是裁判员执法比赛的行为准则。裁判员职责具体包括:执行规则;记录比赛时间;记录进球、换人、警告或罚令出场运动员号码等;遇到意外情况(如天气原因、观众干扰比赛等),有权暂停或终止比赛;确保运动员安全。

裁判员从进入比赛场地时起,就开始执行规则所赋予的权力。

在比赛开始前或成死球时,如有队员或替补队员犯规,裁判员有权对其进行判罚,实施纪律处罚(警告和罚出场地)。

在比赛进行中,裁判员可以对犯规队员行使纪律和技术的双重处罚。

裁判员根据比赛事实作出的判决(如比赛结果等)为最后判决。

(二) 助理裁判员

助理裁判员是裁判员的助手,他们依据规则协助裁判员控制比赛,顺利完成比赛任务。其职责一般由裁判员决定。如果助理裁判员有不适当的干扰比赛或有不适合行为时,裁判员有权减少直至解除其职责。助理裁判员用旗子向裁判员示意,他们使用的旗子颜色要明显区别于队员服装和看台背景。其具体职责包括:

(1) 负责巡视一条边线和一条球门线,当球的整体越出比赛场地时,举旗示意。

(2) 指示由哪一队发角球、球门球及掷界外球。

(3) 发现处于越位位置的运动员越位犯规时,举旗示意,裁判员鸣哨判罚后,指示越位地点。

（4）当发生裁判员没有看到的不正当行为或其他情况时，举旗晃动示意。

（5）准备替补换人时，在死球时间向裁判员示意。

（6）在场外沿边线和球门线执行任务，遇到运动员围攻裁判员、斗殴或观众、教练员等人员进入场地，可以在死球时进入场地协助裁判员处理。

（7）协助裁判员判定进球是否有效。

（三）第四官员

第四官员亦称替补裁判员，其进入比赛场地后，即开始按照规则规定履行其职责，主要内容有：

（1）执行比赛有关规定，对替补人数、替补席、技术区等进行管理。

（2）准备替补上场进行比赛执法工作（在裁判员不能继续担任临场工作的情况下，及时替补上场，担任比赛裁判工作）。

（3）按照裁判员要求，负责赛场管理。具体包括：

未经裁判员许可，任何人不得进入比赛场地；

令替补席上多余人员离席；

阻止向场内投递饮料瓶罐或其他物品；

制止教练员或其他人员在技术区内干扰比赛；

禁止替补队员在边线外做准备活动；

禁止摄影记者离开规定区域随意走动，制止记者违反夜间使用闪光灯规定的行为；

对其他干扰、影响比赛的行为进行管理。

（4）负责比赛中运动员的替换工作。

运动员替换程序如下：

① 审查上场队员是否列入替补名单，替补手续是否符合要求；

② 检查替补队员装备是否符合规则要求；

③ 待比赛成死球时举牌向裁判员示意；

④ 经裁判员同意被替换队员离场后，再允许替补队员上场；

⑤ 记录替换队员号码、时间。

（5）负责比赛备用球的保管。

（6）根据裁判员的决定，将比赛需要的补足时间向比赛队和观众公示。

（7）协助裁判员工作。

（8）报告比赛有关情况，待比赛结束后，向有关机构提交裁判员和助理裁判员没有看到的重要情况报告，对裁判员、助理裁判员的报告提出建议。

四、关于比赛时间、比赛开始或重新开始、比赛进行及死球、计胜方法

（一）比赛时间

正式比赛时间每场为 90 分钟，分上下半场各 45 分钟。除经裁判员同意外，中场休息时间不得超过 15 分钟。

每半场比赛补时时间由裁判员决定。

一般下列情况损失时间应扣除：

（1）替换队员占用的时间；

（2）因队员受伤，护理或抬出场地占用的时间；

（3）故意延误的时间；

（4）更换新球（球破裂或漏气）占用的时间；

（5）球出界过远占用的时间；

（6）受天气影响而暂停比赛所延缓的时间。

除执行罚点球外，每半场比赛时间到时，均要鸣哨结束比赛。若比赛最后几秒射门，球入门之后比赛时间终了，进球有效，并应将球放在中点上鸣哨结束比赛。

（二）比赛开始或重新开始

比赛开始前，裁判员召集双方队长，通过掷币方式选择场地权。

开球程序：

（1）球放在中点；

（2）双方队员在本方半场内；

（3）开球队的对方队员距球至少9.15米直到比赛开始；

（4）裁判员鸣哨；

（5）球被踢并移动，开始比赛；

（6）开球队员在球未经其他队员触及前不得再次触球。

下列情况要重新开球：

（1）球未向前移动。

（2）比赛开始前，场上队员越过中线进入对方半场，或守方队员进入中圈。

开球队员可以直接将球踢进对方球门得分。

坠球是在比赛进行中，因竞赛规则未提到的原因而需要暂停比赛时，重新开始比赛的一种方法，这些原因包括：

（1）队员受重伤。

（2）需要立即检查队员球鞋。

（3）队员非故意离场，但在场外相互间发生纠纷，或与观众等其他人员进行争吵。

（4）替补队员擅自入场。

（5）观众、其他与比赛无关人员及动物进场妨碍比赛。

（6）因天气原因不宜继续比赛。

（7）球门损坏或球漏气、破裂。

（8）裁判员在比赛恢复前纠正错误判决。

（9）裁判员自觉身体不适，不能坚持到比赛成死球时。

坠球地点应在比赛停止时球所在的地方。裁判员坠球的方式：撒手让球自行下落，球着地即恢复比赛。坠球时，裁判员认为只要不影响坠球，可以允许队员站在各自认为合适的位置上，尽快恢复比赛。坠球时，遇到下列情况应重新坠球：

（1）球未着地前队员触球。

（2）球未着地前队员犯规。

（3）球未着地前或球着地时破裂、漏气。

（4）球着地后未经队员触及出界。

（三）比赛进行及死球

（1）当球的整体在地面或空中越过边线或球门线的外沿时，才算球出界成死球。球在空中出界又被风吹回场内，仍然算球出界。

（2）除比赛成死球以外的其他所有时间均为比赛进行中，包括：

球从横梁、立柱、角旗杆弹回场内；

球从比赛场地上的裁判员、助理裁判员身上弹回场内；

比赛中队员有犯规行为，裁判员未予判罚前应继续比赛。

（四）计胜方法

1．进球得分

球的整体从球门柱间、横梁下越过球门线，而此前未违反规则规定，为进球得分。判定球是否进门，要根据球的位置而不是守门员接球时所站的位置来进行（图6-5）。

图6-5

2. 进球无效的情形

下列情况下进球无效：

(1) 越位队员的进球。

(2) 越位队员参与了进攻的进球。

(3) 坠球后,球未经队员触及直接进门。

(4) 掷界外球后,球未经队员触及直接进门。

(5) 踢间接任意球后,球未经队员触及直接进门。

(6) 球经外界人员干扰后进门。

(7) 踢点球射门前,队员进入罚球区。

(8) 踢点球时将球向后踢,让另一名队友射门。

(9) 裁判员暂停比赛后的瞬间进球。

(10) 球进门前横梁断裂。

(11) 裁判员示意比赛结束时的进球。

(12) 进攻队员犯规后的进球。

3. 比赛胜负

比赛中进球数多的队为胜者。如两队均未进球或进球数相等,则比赛为平局。若规程中规定比赛必须决出胜负,那么比赛将进入决胜期。目前,决胜期一般采用金球制、银球制或踢点球决胜方式。

决胜期每半场 15 分钟,分上、下两个半场。决胜期开始前,队员不得离场。决胜期比赛采用重新掷币选择场区的方法开始比赛。决胜期中先进球得分的队为胜者,比赛即结束,该赛制俗称金球制。在决胜期 30 分钟内,进球多者为胜队,比赛即结束,该赛制俗称银球制。若决胜期内仍为平局,则附加踢点球决胜。

五、重要足球术语

（一）任意球

任意球分为直接任意球和间接任意球两种。判罚任意球的四个条件是：队员触犯规则的相关规定；犯规发生在比赛进行中；犯规地点在比赛场地内；犯规队员是场上比赛队员。

1. 直接任意球

直接任意球可以直接射入对方球门得分。若队员将直接任意球直接踢入本方球门，不能判对方进一球，应由对方踢角球恢复比赛。判罚直接任意球的犯规共有十种（分前六种和后四种），在前六种情况前冠以一段话，即“裁判员认为……”这意味着裁判员在对“踢、绊摔、跳向、冲撞、打、推”这六种情况进行判罚时，应考虑队员动作是否属于草率的、鲁莽的或是用力过分，这需要裁判员把握尺度恰当。

（1）踢或企图踢对方队员。在紧张激烈的比赛中，裁判员对“故意”与“无意”踢人较难判断，特别是在连人带球一起踢时，更难判断。因此，裁判员必须了解踢球动作要领，准确地观察与判断。所谓“企图踢对方队员”是指做出踢人动作，只是由于没有踢到或因被踢者躲闪而未踢到，对此仍应判罚直接任意球。守门员跳起接球故意踢、蹬对方队员应判犯规。

（2）绊摔或企图绊摔对方对员。这是指在对方身后或身前伸腿或屈体绊摔或企图绊摔对方，用脚或腿勾绊对方下肢，从而使其失去平衡。该犯规在队员铲球时经常发生。

（3）跳向对方队员。这是指队员跳起的目的不是争抢球，而是向对方身体进行冲撞或蹬踏。

（4）冲撞对方队员。足球比赛快速、激烈，队员间不可避免发生身体接触，在允许合理冲撞的前提下，不允许队员草率的、鲁莽的或使用过分的力量进行冲撞。

合理冲撞应符合下列条件：冲撞的目的在于得球；冲撞时，球须在双方控制范围内（一般指 2 米范围以内）。一般用肩至肘关节这一部位冲撞对方相应部位，且上臂须贴住身体；冲撞并非是草率的、鲁莽的，也没有使用过分的力量。

（5）打或企图打对方队员。打人是严重的犯规行为，裁判员应予处罚，对行为恶劣者应罚令出场。守门员用球击对方队员，掷界外球时故意用球击对方队员，均应判罚犯规。

（6）推对方队员。这是指队员用手或臂推对方队员的犯规动作。

（7）为了得到对球的控制而抢截对方队员时，于触球前触及对方队员。队员抢截球的方式，除禁止用手和臂部以外，用身体其他部位都是合理的。在抢截球过程中出现踢、绊、冲撞等触及对方队员的犯规现象，裁判员应有准确的判断和适度判罚。

（8）拉扯对方队员。这是指队员用手或臂拉扯对方队员，阻碍对方队员自由行动的犯规。

（9）向对方队员吐唾沫。向对方队员吐唾沫，应将该犯规队员罚令出场，并由对方在犯规地点罚直接任意球。

（10）故意手球。这是指队员故意用手或臂部触球，以非法获益的犯规行为。对手球方的判罚，裁判员应严格区分故意与无意，凡故意或蓄意做出手球行为的应予判罚，无意或意外手球不予判罚。

2. 间接任意球

间接任意球不得直接射入球门得分，必须经场上其他队员触及后进入门内才算进球。

判罚间接任意球的犯规共有八种，其中前四种是针对守门员的，后四种是针对其他球员的。

（1）守门员用手控制球后在发出球之前持球超过 6 秒，应判给对方踢间接任意球。

（2）当守门员用手控制球后，一旦将球置于地上或传出，即进入比赛状态，此时，只有当处于罚球区的同队队员或对方队员触球之后，该守门员方可再次用手触球，否则应判二次触球犯规。

(3) 守门员用手触及同队队员故意踢给他的球是不允许的，但这不包括同队队员由于没有掌握好技术动作而踢出的球意外落向守门员处。不过如果裁判员认为队员是利用规则而故意设置骗局(如队员用脚将球挑给同队另一名队员，后者将球用头部顶给同队守门员)，此时，不管守门员是否用手触球，都应判罚间接任意球，同时以犯有非体育道德行为而被追加警告。

(4) 守门员不能用手触及同队队员直接掷入的界外球。

(5) 动作具有危险性。所谓危险动作，是指队员为了获得球或处理球，其动作方式具有伤害对方队员或使自己受伤的可能性。如踢守门员手中的球，当对方顶球时跃起倒钩踢球等。

(6) 阻挡对方队员。这是指队员目的不在踢球，球又未在其控制范围以内时，用身体阻挡对方队员行动的犯规。

(7) 阻挡守门员从其手中发球。

(8) 比赛中如出现规则中未提及的犯规情况时，如裁判员对此进行警告或罚令出场，则由对方踢间接任意球恢复比赛。

(二) 点球

当队员在比赛进行中，于本方罚球区内故意违犯《足球竞赛规则》第十二章十项规定中的任何一项时(即可判罚直接任意球的犯规)，即被判罚点球。

(1) 判罚点球是对犯规行为最重的处罚，裁判员必须慎重掌握，务必准确、果断地作出判决。队员在本方罚球区内被判罚直接任意球时，均罚点球。

(2) 在罚球区界线附近发生犯规时，区分判罚点球还是直接任意球，不以队员犯规时所处的位置为准，而应看犯规动作的接触点。如队员在罚球区外而犯规动作接触球在罚球区内，应判罚点球。反之，判罚直接任意球。

(3) 执行罚点球时,主罚队员应有明确表示,除主罚队员及守门员外,双方其他队员要退至罚球区和罚球弧以外的场内。

(4) 执行罚点球时,球必须放定在罚球点上。罚点球均应向前踢出,若主罚队员作横传、回传,均属比赛尚未恢复,应重踢,再犯应予警告。

(5) 执行罚点球时,在裁判员鸣哨后而球未向前滚动时,则守门员双脚必须站在球门线上,不得移动(上体可晃动),否则罚中算胜一球,未罚中则重罚;守方其他队员进入罚球区或罚球弧,罚中算胜一球,未罚中则重踢,并对犯规队员提出警告。

(6) 执行罚点球时,在裁判员鸣哨后、比赛恢复前,主罚队员有不正当行为或攻方其他队员过早进入罚球区或罚球弧,罚中无效,应重罚,并警告犯规队员。如球未罚中而直接出界,则由对方踢球门球;如球触守门员、横木、门柱弹回场内,裁判员应立即停止比赛,警告犯规队员,并在犯规地点由对方踢间接任意球。如发生在延长时间执行罚点球时,则比赛应立即结束。

(7) 执行罚点球时,在裁判员鸣哨后,攻守双方队员同时犯规,无论罚中与否,均应重罚,并警告犯规队员。

(8) 执行罚点球时,在裁判员鸣哨后,如攻方一队员在罚球区外高声叫喊,或投掷物品,以干扰守门员的防守,则罚中无效,重罚;若球直接出界,则由对方踢球门球;若球从守门员、横木、门柱弹回场内,则裁判员应立即停止比赛,在队员犯规地点,由对方踢间接任意球。不论出现哪种情况,对犯规队员的不正当行为应予警告。守方队员在罚球区外采用上述类似方法,以干扰主罚队员踢球,则球罚中有效,未罚中则重罚,并警告该犯规队员。

(9) 点球踢出后在向球门运行途中,如受到外来因素(如观众、工作人员、动物等)阻止时,不论球罚中与否,均应重罚。如果球从守门员、横木、门柱弹回场内而被外来因素阻止时,则应暂停比赛,并在球与外来因素接触的地点坠球恢复比赛。这种情况出现在延长时间执行罚点球时，比赛则应立即结束。

(10) 裁判员鸣哨示意执行罚点球后，若在罚球区外的一名攻方队员抢先将所罚点球踢出，球射进无效，重罚，并警告该犯规队员；球直接出界，由对方踢球门球，警告该犯规队员；球从守门员、横木、门柱弹回场内，立即停止比赛，警告该犯规队员，并由对方在犯规地点踢间接任意球。

(11) 裁判员鸣哨示意执行罚点球后，守方队员抢先将所罚点球踢出时，不论球进门与否，均应重罚，并警告该犯规队员。

(12) 在延长时间执行罚点球时，发生下列情况应结束比赛：

球直接进入球门；

球触门柱或横木进入球门；

球触守门员后进入球门；

球连续触及守门员、横木、门柱后进入球门；

球出界；

球被守门员接住；

球触守门员、横木、门柱后，又被守门员截住；

球触门柱、横木弹回场内；

球触门柱、横木而破裂；

球踢出后，在中途自然停止。

(13) 在延长时间执行罚点球，球被踢出后在运行中被外来因素阻止时，应重罚。

(14) 执行罚点球时，如守门员拒绝守门，在无守门员的情况下，比赛不能进行。裁判员认为守门员由于对判罚不满而拒绝守门，应予以警告，经警告后仍拒不守门，可罚令出场。若裁判员认为仅仅属于守门员要求更换位置，那么应召见该队队长，促其加强管理。否则，自裁判员宣布起，超过 5 分钟，作罢赛论处。

(15) 如果比赛双方踢成平局，需要以互射点球决定胜负，而场上有一名或多名队员离开场地拒绝参加比赛时，裁判员应终止比赛,随后向主办机构作出书面报告。

(三) 越位

1. 越位位置的概念

比赛中,当队员处于下列情况时,即为该队员处于越位位置:在对方半场内,较球更接近对方球门线,且在该队员与对方球门线之间对方队员不足两人。以上三个条件缺少任何一条,均不构成越位。

攻方一名队员处于与球平行的位置,不属于越位位置。

攻方一名队员处于与对方倒数第二名队员平齐的位置上,不属于越位位置。

2. 越位犯规

处于越位位置的队员,在同队队员踢或触及球的一瞬间,裁判员认为其干扰了比赛,或干扰了对方队员,或利用越位位置获得利益而“卷入”了现实比赛中时,判为越位犯规。

“现实比赛”不是一个区域范围的概念,而是指处于越位位置队员的行为和效果而言的,位置是前提,触球瞬间是判断时机行为和效果的依据。

3. 非越位

处于越位位置的队员,直接接到同队队员的球门球、界外球和角球时,则不构成越位。

4. 如何判罚越位

(1) 正确选择观察位置

正确地选择观察位置是准确判罚是否越位的基本条件。在比赛中助理裁判员的选位应与倒数第二名防守队员保持平行,并且两人站在一条直线上。

(2) 及时调整位置

足球比赛中运动员的位置是动态的,“越位线”随着队员的位置变化也在不断变化,因此,助理裁判员必须根据比赛状况而不断调整自己的位置。

(3) 点、面结合兼顾球

注意合理分配注意力,避免完全将注意力集中在一点上。

(4) 调整观察区域

当助理裁判员视野的近、中、远区域有多名进攻队员与防守队员交错站位时,其视线往往被阻,或注意力过度集中在某一局部区域,导致判断失误。因此,此时助理裁判员应该不断在远、中、近三个区域间调整视线,扩大视野的深度,准确观察不同区域插上的进攻队员情况,形成一个视线带。

(5) 扩大观察角度

观察角度的大小关系到有效观察的范围,观察范围越广越利于观察的准确性。助理裁判观察越位时,不能只限于一个观察角度,要不断调整、变换角度。

(6) 传接关系

判罚越位是以处于越位位置的队员是否在现实比赛中干扰比赛或干扰对方或从越位位置获得了利益来判别的,因此,观察分析同队队员的传球方向和传接关系是否涉及比赛现实,以及处于越位位置的队员是否放弃参与比赛是判罚越位的前提。传接关系是指传球队员与接球队员之间的直接传接球关系,当只有一名进攻队员处于越位位置时,其传接关系比较容易判断;如果有多名进攻队员出现在进攻前沿,位置交错时,助理裁判员观察、判断其传接关系难度就大了。如图 6-6,当 6 号队员传球时,如果助理裁判员仅凭传球方向一致就举旗示意 9 号队员越位,显然是错判,因为 9 号队员站在原地没动,他与传球队员之间也没有构成直接的传接球关系,不能判罚 9 号队员越位。

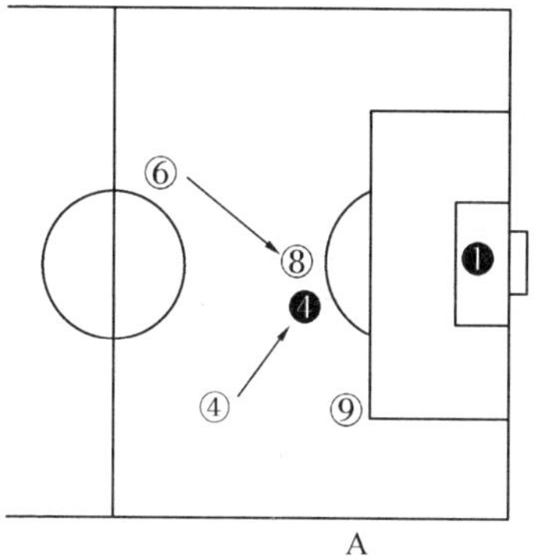

图 6-6

又如图 6-7，当 6 号队员传球时，同队队员 9 号、10 号均处于越位位置，如果此时助理裁判员只根据传球方向来判断，在球运行的第一时段和第二时段，10 号和 9 号队员都可能被判罚越位；而当球运行到第三或第四时段时，就会明显地看出，直接传接球关系发生在 6 号和 7 号队员之间，此时就不应将 10 号和 9 号队员判为越位。

（7）现实比赛

这是越位规则条文中的新提法。处于越位位置的队员是否涉及现实比赛及其行为如何是判罚队员是否越位的主要依据。现实比赛是指球附近的周围区域。

仍如图 6-7，当 6 号队员传球时，同队队员 9 号和 10 号均处于越位位置，但球的落点在远端，该区域即为现实比赛区域。虽然 9 号和 10 号队员有参与比赛的行为，却不可能涉及现实比赛。综合 6 号队员的传球方向、传接关系和现实比赛的多因素判断，9 号和 10 号队员不应被判罚越位。

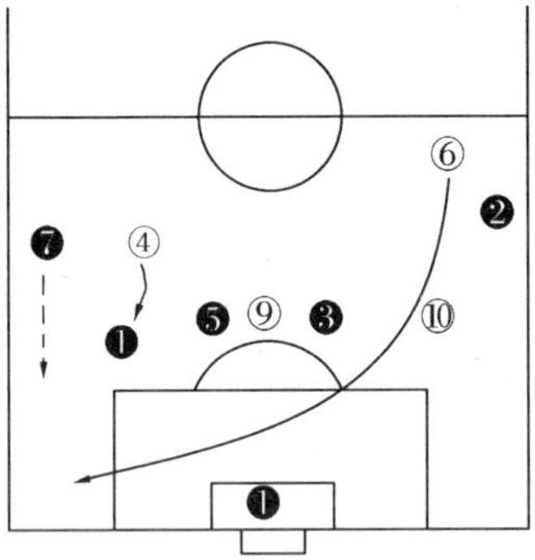

图 6-7

（8）举旗时机

助理裁判员向裁判员示意越位的举旗应该准确及时。助理裁判员判罚越位时，不能在队员一触球时就举旗，而必须依据球的运行时段，经过判断分析后，才决定是否举旗示意。短距离传球，传接关系清晰，容易判断，应尽早举旗示意；中、长距离传球，球运行时间长，需要结合运行时段，再作出判断。

球运行时段如图 6-8 所示：

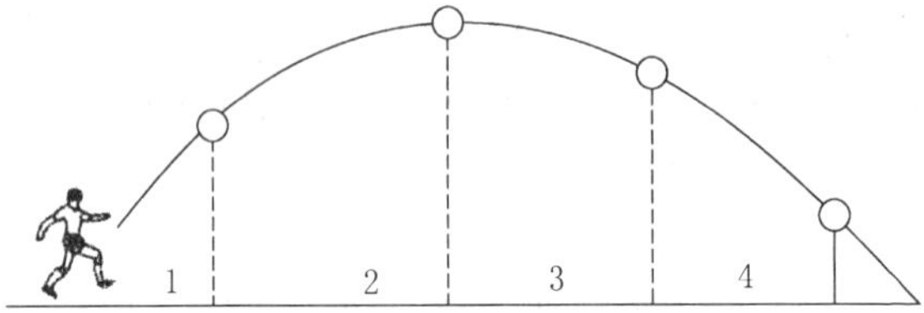

图 6-8

中、长距离传球，从触球开始到球落地的运行过程分为四个时段。一般在球运行过程的第一时段和第二时段很难判断球的落点，如果在这两个时段举旗示意越位，容易造成错判；当球运行到第三和第四时段时，就比较容易判断其落点，在这两个时段判断是否越位，会减少失误率。

(四) 掷界外球

在足球比赛中，当球整体在地面或空中越过边线时，即为出界，由出界前最后触球的对方队员在离球出界的边线外 1 米范围内用手将球掷入场内。此时，防守队员不允许在掷球队员身前进行干扰。

掷界外球动作要求：掷球时，双脚平行（或前后）站立，脚可以踩在边线上（或边线外）；但只要有一只脚越过边线踏入场内，或踏在边线上的脚提起脚跟使脚尖踏入场内（图 6-9），均属犯规行为。

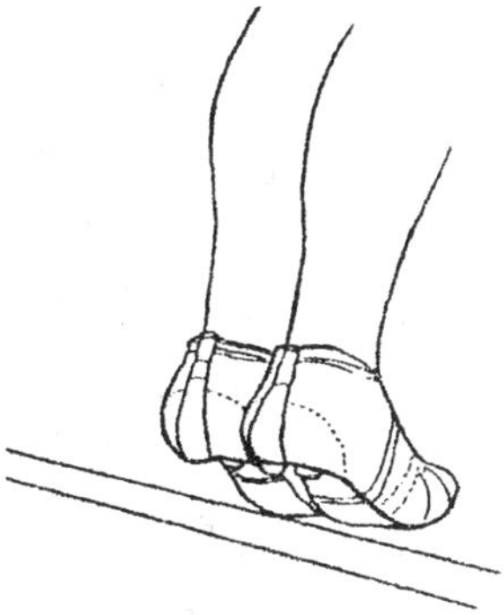

图 6-9

不允许跪在地上掷球。

掷球前允许助跑，脚可以在地面上滑动，但任何一只脚不能全部离开地面。

掷球方法：双手持球置于头后方，面向场内，双手平均用力，从头后经头顶，用一个完整连贯动作将球掷入场内。

掷界外球常见错误：未在球出界处掷球；单脚或双脚越过边线踏入场内；球未从头后经头顶掷出；掷球时，双手用力不均。

(五) 球门球

当球的整体不论从地面还是空中越过球门线（非得分），而最后触球队员为攻方队员时，由防守方在球门区内任何一点踢球门球恢复比赛。球门球可以直接射门得分。

任何队员在踢球门球后，比赛尚未恢复前（球未踢出罚球区）触及球均应重踢球门球。当队员将球踢出罚球区，比赛恢复后，未经场上其他队员踢或触及而再次触球时，即为连踢犯规。

踢球门球时，队员不得延误比赛时间，否则应给予警告。踢球门球时，不准守门员用手掷或推出球门球。

（六）角球

当球的整体不论从地面还是空中越过球门线（非得分）而最后触球队员为守方队员时，由进攻方队员在角球弧内任何一点踢角球恢复比赛。角球可以直接射门得分。

踢角球时，不得移动角旗杆，防守队员至少距球 9.15 米。当球被踢并移动时即为比赛开始。

当角球踢出后，未经其他队员踢或触及前，不得连踢。

角球踢出后，队员不得站在守门员身前，或占据有利位置以阻挡守门员，裁判员对这类犯规应及时制止与判罚。

（七）红牌、黄牌警告

足球比赛中红、黄牌的使用是裁判员严肃比赛纪律，严格执行规则，制止严重犯规和暴力行为及非体育道德行为，引导比赛正常进行的一种教育手段。合理地使用红、黄牌，不仅有利于运动员发挥技战术水平，增强比赛的精彩性和观赏性，而且能控制比赛秩序，确保比赛顺利进行。使用红、黄牌的目的不是惩罚运动员，而是教育运动员。

1. 出示黄牌警告的犯规

裁判员对以下几种情况进行警告时应出示黄牌：

（1）犯有非体育道德行为。这是可予以黄牌警告犯规中的主要条款。主要情况有：对方掷界外球或踢任意球时，故意在前方挥动手臂、高声叫喊，或投掷物品进行干扰；在场上吸烟；跳起吊挂在球门横梁上；扑倒在地故意用身体压住球，不让他人踢球；用手撑在同队队员肩上顶球；故意伸双臂上下摆动，并移动位置阻挡对方前进（此情况不论是否发生身体接触均应予以警告）；以假摔骗取任意球或点球。

（2）以语言或行动对裁判员（包括助理裁判员和第四官员）的判罚表示异议。

(3) 持续违反规则,即一名队员被判罚犯规并重新开始比赛后,仍然坚持犯有可判为直接任意球或间接任意球的犯规行为。

(4) 队员在比赛成死球时,为达到拖延时间的目的,做出以种种方式如系鞋带、多次移动球的地点等延误比赛重新开始的行为。

(5) 为了拖延时间,或是为了减弱定位球的威力,当以角球或任意球重新开始比赛时,防守队员不遵守退出 9. 15 米距离的规定。

(6) 未经裁判员允许进入或重新进入比赛场地。进入比赛场地指上场队员在比赛开始时,由于某种原因未随队一起加入比赛,或替补队员未履行替补程序加入比赛的情况。重新进入比赛场地,是指场上队员由于受伤护理或调整装备而离场后,未得到裁判员的信号即加入比赛的情况。

(7) 未得到裁判员的许可故意离开场地。

2. 出示红牌罚令出场的犯规

裁判员对以下几种情况应出示红牌罚令出场。

(1) 严重犯规。这是指运动员在比赛抢球过程中对对方队员故意施加的暴力性犯规行为。严重犯规的主要特征有:

违反规则中可判为直接任意球的有关规定;

违反上述规定是在比赛进行中双方争抢球的时候;

犯规具有暴力行为的性质,使用了强制性力量;

犯规危及对方队员的身体安全。

(2) 暴力行为。这是指比赛进行中或比赛成死球时,队员的目的不是在球,而是对对方施加暴力性犯规的行为。

暴力性行为有以下特征:

犯规的表象是过分的、猛烈的、侵犯性的;

犯规时间可能在比赛进行中,也可能发生在比赛成死球时;

犯规的对象除了是对方队员外,如果暴力行为侵害的对象是同队队员、裁判员、助理裁判员、第四官员、观众等,也是暴力行为。

暴力性犯规若是发生在比赛进行中的比赛场地上,由对方在犯规地点踢间接任意球;若发生在比赛进行中的场地之外,在裁判员明示停止比赛时的球所在的地点以坠球恢复比赛;若是发生在比赛成死球时,则根据死球时的情况,掷界外球或踢任意球恢复比赛。

(3) 向对方或其他任何人吐唾沫,这是一种侮辱性的侵犯他人的行为。

(4) 用故意手球破坏对方的进球或明显的得分进球机会(不包括守门员在本方罚球区内的上述动作)。

(5) 用可判为任意球或点球的犯规破坏对方向本方球门移动,并有明显进球机会的进攻。

例如,进攻一方将球传向防守队员前面,一名进攻队员插上准备接球射门时,一名防守队员跳起用手触球,由此而破坏了攻方一次明显的进球得分机会,这名防守队员应被出示红牌罚令出场。

(6) 使用无礼的、侮辱的或辱骂性语言及动作。

(7) 在同一场比赛中受到第二次警告。

3. 使用红、黄牌警告时注意事项

(1) 裁判员使用红、黄牌警告犯规队员时,应根据当场情况区别对待,采用令运动员走过来或裁判员主动跑上前的方法,既要达到教育队员的目的,又要维护、保持裁判员本身的权威及尊严。

(2) 裁判员出示红、黄牌警告犯规队员时,要保持与运动员一定距离(约2米左右),这样既可以警示犯规队员和其他队员,也可避免犯规队员因对判罚不满可能发生的抢牌现象。

(3) 裁判员出示红、黄牌警告不宜在场上队员密集处进行,否则容易导致运动员及场外其他队员看不清对谁处罚,也容易引起队员围哄拉扯。裁判员警告队员应该避开人群,令犯规队员单独过来后再予以教育处罚。

(4) 裁判员出示红、黄牌警告时,尽可能不让犯规队员预知其判罚意图。出示前,裁判员认为有必要对球员进行教育的,语言要简短中肯;出示后,应尽快恢复比赛。

(5) 裁判员出示红、黄牌警告时,切勿直接将牌指向运动员面部和胸前,应采用国际足联规定的统一手势。

(6) 在同一场比赛中,队员被第二次警告时,裁判员应先出示黄牌,再出示红牌,表明该队员是被第二次警告而罚令出场。

(7) 裁判员出示红、黄牌警告犯规队员后,应记录被罚运动员号码、犯规事实及时间,也可以先记录再处罚。只有在裁判员记录该情况后,比赛才能恢复。当某队员被红牌罚令出场时,裁判员应等该队员出场后,再以信号指示恢复比赛,同时不准让罚令出场的运动员坐在替补席上。

(8) 裁判员自进入比赛场地时起即可行使职权至比赛结束。若比赛开始前队员犯规被罚令出场,则允许该队列入替补名单中的队员替补出场,并不计入替补数额,但不准在替补名单中增补替补队员;如中场休息时队员犯规被罚令出场,则不准队员替补;比赛结束后队员犯规,将不出示红、黄牌警告,但应向主管部门作出书面报告。

(9) 比赛中如教练员、领队、队医及其他非比赛人员犯有不正当行为或其他恶劣行为,裁判员可对其进行口头警告或责令出场,此时,不必出示红、黄牌。

第四节　足球竞赛裁判法

足球竞赛裁判法有两种: 边线裁判法和对角线裁判法。在当今的国内外正式比赛中,一般采用对角线裁判法来执法。

一、对角线裁判法的基本概念

规则规定，一场足球比赛应由一名裁判员和两名助理裁判员担任场上裁判工作。由于足球比赛场地大、参赛人数多，能否在比赛中更好地观察场上各区域发生的情况、每个运动员的动作，这与裁判员和助理裁判员在场上的位置、配合方法有着紧密的联系。

对角线裁判法（亦称为“斜线裁判法”），就是裁判员的基本活动路线为球场的一角到斜线相对的另一角。但这只是裁判员在场上的基本走向，并非不可逾越。

根据裁判员这一基本活动路线，两名助理裁判员的活动路线应选择在最有利于与裁判员相互配合的位置上，即在距裁判员对角线较远的半场的边线外。如受限于场地条件及其他原因，裁判员也可采用另一条不同走向的对角线，如图 6-10。

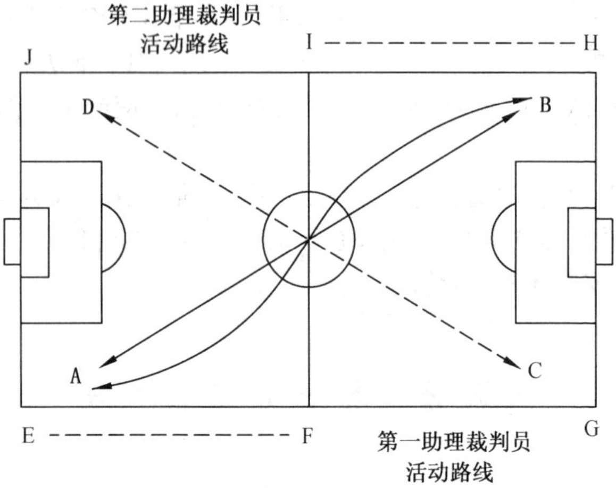

图 6-10

二、对角线裁判法的特点

(1) 对角线裁判法把裁判员、助理裁判员在场上的位置作了合理均衡的分布，有利于相互配合，控制全场，观察清楚。

(2) 对角线裁判法中，裁判员活动路线基本走向虽是一条斜向的直线，但绝非局限于这条直线上，而是经常保持在球的左侧后方约 10 米—15 米处，随着球赛的进展，自然地沿着“S”形路线活动。它有利于裁判员接近球，在场上队员围绕球争夺时，容易看清是否有犯规等现象。

(3) 由于裁判员的跑动经常保持在球的左侧后方，这样，既能看到围绕球的队员的活动，又能看到处在该半场的助理裁判员，便于相互联系与配合，控制该半场任何区域可能发生的犯规、越位及其他各种情况。

(4) 对角线裁判法对裁判员体力的要求较高。为了保持与球的较近距离，他必须跟随球的运行随时进退，曲折地奔跑，尤其在比赛双方攻、守快速转换时，裁判员必须迅速横贯中场。因此，作为一名裁判员，必须具备充沛的体力和高速奔跑的能力。

尽管对角线裁判法对场上三名裁判员的位置作了合理均衡的分布，但在执行任务时还应注意以下几个问题：

其一，裁判员经常保持靠近球，是为了便于准确观察，但须注意随时灵活地选择自己所处的位置，避免阻挡球的运行或妨碍运动员的跑动。

其二，一般情况下要避免背向处在同一半场的助理裁判员，以免漏看配合信号，失去联系。一旦处于背向该助理裁判员的位置时，要根据场上情况及时回头与该助理裁判员保持联系。

其三，助理裁判员给予裁判员的配合，是整场裁判工作中非常重要的一环。因此，助理裁判员除了司职举旗示意外，还应随时注意选择适当的位置，尽量置身于裁判员的视野之内，便于互相照应,保持联系。

三、裁判员跑动、选位的原则

(1) 裁判员的位置应保持在球的左侧后方,面向助理裁判员,观察助理裁判员的行动,密切与助理裁判员的配合。

(2) 距球一般在10米—15米。

(3) 选择最好的观察角度,不要让队员挡住自己的观察视线。

(4) 快速通过中场,紧盯两个罚球区并对犯规现象作严格判罚。

裁判员的跑动无论采用何种方法,必须注意始终保持面向球的方向,切忌背向球。

四、裁判员判罚后的跑动

裁判员判罚后的跑动正确与否,对控制比赛气氛起着一定的作用。实践中我们也常看到这样的情况,由于裁判员判罚犯规后,没有主动及时到位,或背向球的方向跑动,而无法及时制止双方队员的争执甚至推搡互殴等严重事件的发生。

裁判员判罚后应该根据当时的具体情况,及时快跑到犯规地点,制止事态进一步发展,或者占据有利的位置,使自己能及时跟上球。具体运用如下:

(1) 双方队员如发生身体接触猛烈的带有危险性的犯规,致使一方或双方倒地,尤其在比赛气氛较为紧张的情况下,裁判员在判罚后应及时到达犯规地点,处理犯规队员,制止事态进一步发展。

(2) 当罚球区附近的守方队员犯规时,双方队员都要计较罚球地点,容易产生摩擦。所以,裁判员在鸣哨判罚后,应及时到位,明确罚球地点,并组织好守方队员退至9.15米以外,避免不必要的摩擦和延误比赛时间。

(3) 在罚球区内守方犯规判罚点球时，裁判员应迅速跑到罚球点，明确表示判罚点球。

(4) 在队员严重受伤的情况下，裁判员也应迅速到位处理伤员。

除上述情况外，裁判员在判罚后就不一定都要跑到犯规地点。

五、巡边员的跑动

(1) 紧跟最后第二名防守队员（包括守门员）。在观察最后第二名防守队员的同时，又要观察到球，做到人、球兼顾。

(2) 为了做到人、球兼顾，在一般情况下尽量使用倒退跑、侧滑步跑，以扩大视角。在快速跑时，要做到面向场内。

(3) 应沿着边线、端线外跑动，一般不要在场内跑动。跑动时手旗不要摆动。

六、裁判员与助理裁判员的配合

足球竞赛规则规定，只有裁判员有权对比赛的进行、停止、队员犯规及进球作出判决。助理裁判员只能按照规则赋予的职责和裁判员的委托，根据自已观察到的比赛情况，给裁判员信号，提示裁判员作出判决。如果裁判认为助理裁判员发出的信号是多余的，甚至是错误的，可以不予理睬。

(一) 关于判罚越位的配合

判罚越位是助理裁判员协助裁判员执法比赛时最重要的工作之一。裁判员必须时常保持与处在同一半场的助理裁判员的联系，避免漏旗现象出现。

在比赛中，裁判员必须养成“二次看旗”习惯，即当某队员将球向前踢出时（尤其是长传球），裁判员认为攻方队员可能越位，即应注视该半场助理裁判员有无旗示，有时还要考虑到助理裁判员因故举旗稍慢。在接球队员接球的瞬间,裁判员还必须注视一下该边助理裁判员有无旗示,避免漏旗。

尽管裁判员判罚越位很大程度上需要助理裁判员协助,但也不应该放弃自己的主观观察与判断,在自己看得很准的情况下,应根据自己的判断作出判罚。若此时看见助理裁判员有越位旗示,认为不需要或其判罚错误时,应回应给助理裁判员一个明确信号,让其及时收回旗示。

球被截获或成死球,越位给对方造成的威胁解除后,助理裁判员应及时收回旗示。越位对对方依然存在威胁,甚至有射门进球的可能(或自己射门得分)时,助理裁判员应坚持上举越位旗子,让裁判员发现并更正。

(二)关于定位球的配合

开球:比赛开始或进球后比赛重新开始时,裁判员应站在开

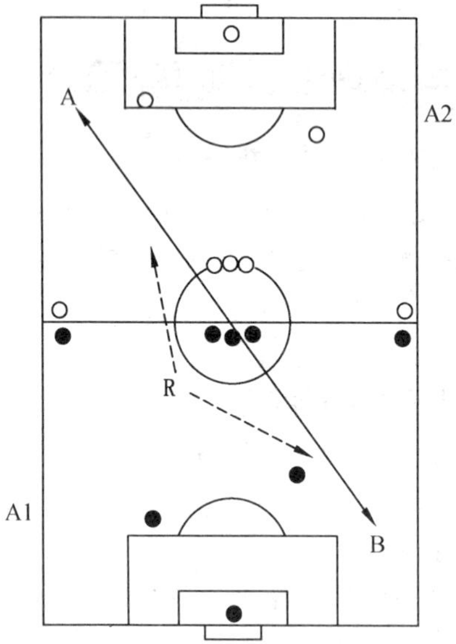

图 6-11

球队半场内中圈附近球的左侧后方，一方面观察开球是否合法，另一方面使自己处于与守方助理裁判员保持面向联系的位置，两名助理裁判员应分别在本半场与倒数第二名队员保持齐平（图 6-11）。

球门球：该球由球门区直接踢出，球出罚球区才恢复比赛。此时，裁判员一般站在中圈附近，观察球踢出后双方队员争夺情况，预测攻守方向。踢球门球一方半场的助理裁判员 A1 先站在与场门区线齐平处，观察球是否放定在球门区内，若球放置合法即快速跑至与罚球区线齐平处，观察球是否直接出罚球区。另一名助理裁判员 A2 站在与本方半场倒数第二名防守队员齐平处，观察球踢出后的发展及犯规情况（图 6-12）。

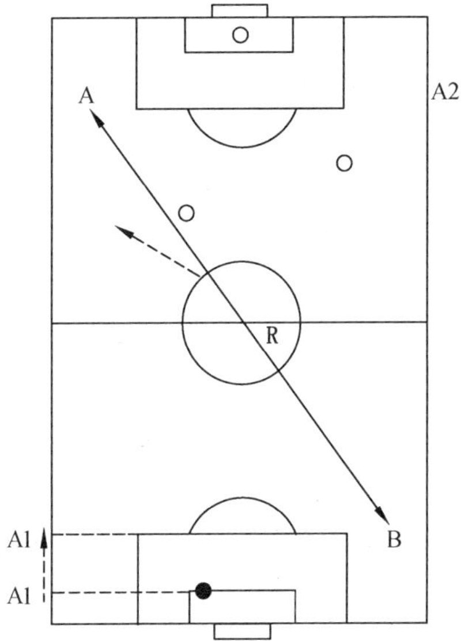

图 6-12

角球：发角球时，裁判员应根据双方队员的位置，在罚球区内选择自己便于观察的位置。踢角球所在半场的助理裁判员站在球门延长线的角旗后面，观察球是否合法放定在角球弧内，守方队员在球罚出前是否退出 9.15 米，球踢出后在空中飞行是否越出球门线，以及球踢出进入比赛状态后可能发生的犯规和进球情况。另一方助理裁判员在中线附近注意守方踢出的球及长传反击情况（图 6-13）。

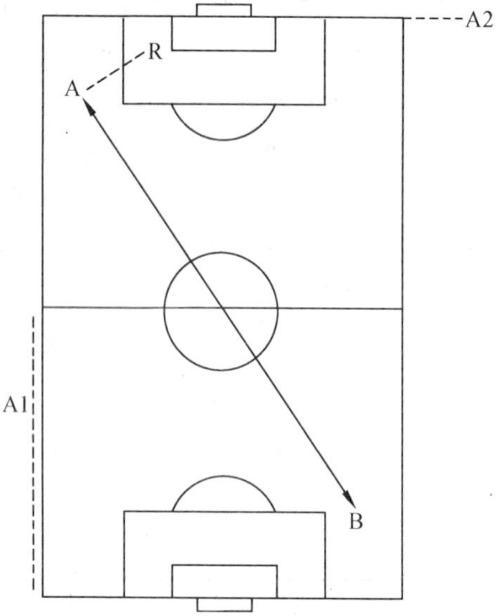

图 6-13

如果守方快速反击，裁判员快速跑到 R 处。助理裁判员 A1 快速返回边线位置。A2 紧盯守方倒数第二名队员的移动并保持在适当位置，同时观察犯规情况，以便提示裁判员到达后及时处罚（图 6-14）。

点球：执行罚点球时，裁判员站在罚球区内罚球点的延长线上，观察球是否放在罚球点上，守门员是否在球未踢出前站在球门线上，除罚球队员和对方守门员外，攻守双方其他队员是否站在合法位置上，球是否被合法踢出等。

该半场助理裁判员站在近端的罚球区线与球门线交接处的场地外面。裁判员要观察双方队员犯规情况，助理裁判员要观察守门员是否犯规和球进门的情况（图6-15）。

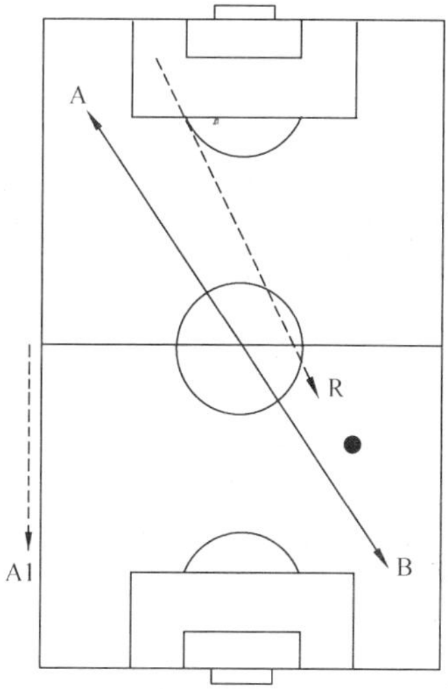

图6-14

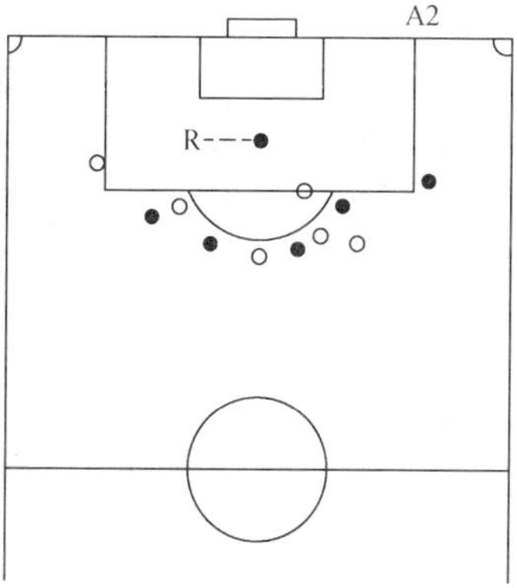

图6-15

任意球：任意球分中、前、后场，若球在前场罚球区附近，任意球有可能进球得分，那么裁判员应站在与守方倒数第二名防守队员齐平位置，既观察是否越位犯规，又兼顾到球是否进门。守方半场助理裁判员A2站在球门线处，协助裁判员观察球是否进门。助理裁判员A1站在便于观察攻守转换时可能出现越位的位置上（图6-16）。

若球在中场罚时，裁判员站在便于观察犯规情况并能时刻保持与助理裁判员联系的位置上。助理裁判员A2处于与守方倒数第二名队员齐平的位置上，观察球罚出后可能发生的越位。助理裁判员A1站在便于观察攻守转换时可能出现犯规的位置上（图6-17）。

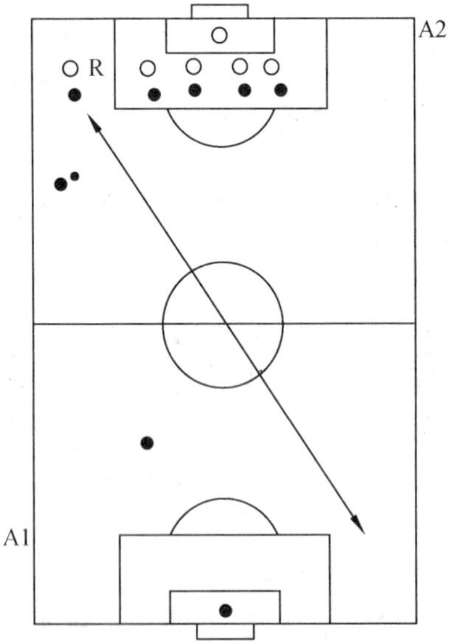

图 6-16

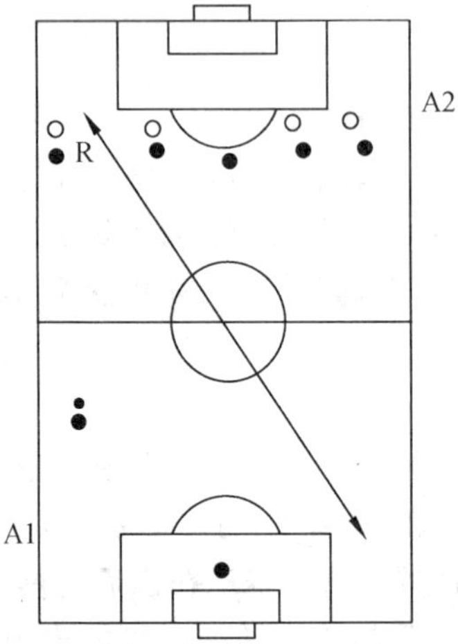

图 6-17

（三）关于掷界外球的配合

掷界外球如果发生在助理裁判员 A2 所在半场内时，助理裁判员 A2 应站在与守方倒数第二名队员齐平位置指示掷球方向，裁判员站在距掷球点稍近的位置，指示球出界方向，观察队员是否犯规及球掷出情况。助理裁判员 A1 应站在与本方半场倒数第二名防守队员齐平位置上，观察可能出现的反击情况。如果球在助理裁判员 A1 的远端出界，他也要举旗示意，指出掷球方向，且保持在与本方半场倒数第二名防守队员齐平的位置上。当裁判员向边线移动，以观察掷球犯规情况时，助理裁判员 A2 站在本方半场与倒数第二名防守队员齐平位置上，应注意裁判员身后的犯规情况。一般来说，裁判员多注意掷球队员手部动作，助理裁判员多注意脚部动作（图 6-18）。

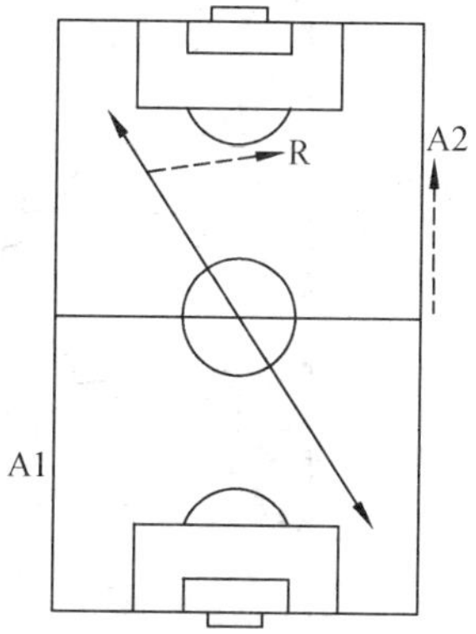

图 6-18

（四）替换队员的配合

通常要求上场的替补队员须经第四官员审核、记录并检查装备后，带至中线处待比赛成死球时，举牌示意。裁判员观察到助理裁判员用双手将旗横举过头提示后允许替换时，被替换队员从中线退场后，替补队员才能从中线进场。

（五）“协作区”的配合

“协作区”是指助理裁判员的近端区域。它一般距裁判员距离较远，在该区域内发生的犯规情况，助理裁判员更容易观察清楚。是否需要协作区的配合应由裁判员决定，并在赛前准备会上明确。即使需要助理裁判员协助，裁判员也不能放弃对这一区域队员犯规情况的观察，助理裁判员只起协助作用（图 6-19）。

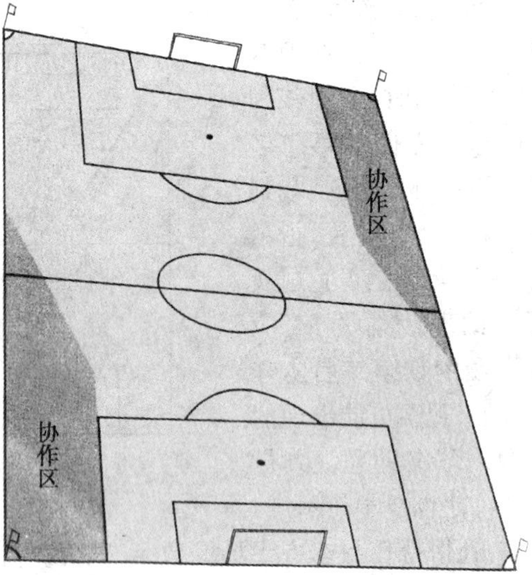

图 6-19

(六)进球得分的配合

当进球得分清楚、无任何异议时,助理裁判员从靠近球门线的位置沿边线向中线移动,向裁判员示意进球得分。裁判员看到其行动信号,结合自己的判断,再鸣哨判定进球得分。

如果攻守双方在门前争夺,瞬间发生球的整体越过球门线,裁判员由于位置或其他原因未看清,助理裁判员所处位置却看清球已进门时,应将旗指向中圈示意,裁判员根据助理裁判员的旗示,鸣哨判进球得分。如果此时防守队员故意用手球或臂部阻止球进门,裁判员由于位置不佳或其他原因没有发现,而助理裁判员清楚地看到这一情况时,他应立即举旗摇动示意,裁判员根据提示立即停止比赛,作出相应判罚。

如果球在门前争抢中,裁判员对球是否进门有所怀疑,须密切注意助理裁判员旗示。助理裁判员看清球未进门时,应站在原地不动,按赛前准备会预定信号向裁判员提示球未进门。

(七) 比赛时间上的配合

按准备会上的分工,一般在上、下半时将结束前几分钟,助理裁判员应给裁判员一个提示信号,裁判员再根据场上实际情况,决定延长多少时间,并在最后1分钟左右用信号提示第四官员,第四官员再将延长时间向两队替补席及观众显示。在延长期内,因故损失的时间裁判员仍可补足,具体由裁判员决定。

(八) 决胜期罚点球的配合

第一助理裁判员站在球门线上,负责观察守门员在球未踢出前是否站在球门线上,踢出的球整体是否越过球门线。裁判员负责观察守门员是否站在球门线上,球未被踢出前守门员是否离开球门线以及主罚队员、守门员有无其他犯规行为。第二助理裁判员在中圈负责观察双方准备罚球的队员。

七、国际足联审定的裁判员统一手势

足球裁判员所用的手势应给人直接明了的感觉,其主要作用是示意比赛下一步如何进行。高水平的裁判员其手势既朴实大方,又舒展漂亮。如果裁判员借助手势显露自己、哗众取宠,不仅会冲淡比赛气氛,更会引起观众和球员的不满,降低威信。

(一) 裁判员的手势

1. 直接任意球

单臂侧平举,明确指示踢球方向(图6-20)。

2. 间接任意球

单臂上举,掌心向前。这一手势应持续到球踢出后被场上其他队员触及或成死球时为止(图6-21)。

图 6-20

图 6-21

3. 球门球

单臂向前方斜下举,指向执行球门球的球门区(图 6-22)。

图 6-22

4. 角球

单臂向前方斜上举,指向执行角球的角球区(图 6-23)。

图 6-23

5. 点球

单臂向前方斜下举，明确指向执行罚点球的罚球点(图6-24)。

图 6-24

图 6-25

6. 继续比赛

队员犯规后,裁判员根据有利条款而不判罚时,应给予继续比赛的手势:双臂前举,手臂向前作连续挥动(图 6-25)。

7. 警告和罚令出场

对队员警告或罚令出场时,分别出示黄牌和红牌。使用红、黄牌时,一手持牌直臂上举,面向被处分队员,有一个短暂的停顿,使场内外均能看清对哪名队员进行了处罚(图 6-26)。

图 6-26

图 6-27

(二) 助理裁判员的旗示

1. 越位

如发现队员越位并构成判罚条件时,应站在与越位队员平齐的边线外,将旗上举,向裁判员示意(图 6-27)。

当裁判员见到旗示,鸣哨令比赛暂停后,如果是助理裁判员远端的队员越位,助理裁判员应面对场内,将旗向前作斜上举(图 6-28)。

图 6-28

图 6-29

如果中间队员越位，助理裁判员应面对场内，将旗作前平举（图 6-29）。

如果助理裁判员近端的队员越位，助理裁判员应面对场内，将旗向前斜下举（图 6-30）。

图 6-30

图 6-31

2. 界外球

助理裁判员将旗侧向斜上举,指示掷界外球方向(图 6-31)。

3. 球门球

助理裁判员面对场内,将旗前平举,指向执行球门球的球门区(图 6-32)。

图 6-32

4. 角球

助理裁判员将旗斜下举,指向近端的角球区(图 6-33)。

图 6-33

5. 替换队员

助理裁判员发现某队请求替换队员，应待比赛成死球时，用双手将旗横举过头，向裁判员提示某队请求换人（图 6-34）。

图 6-34

如果助理裁判员发现在自己附近掷界外球、踢角球、踢球门球等有不符合规则的情况时，将旗上举并摇动，提示裁判员予以纠正或另作处理。

第七章 国际性重大足球比赛介绍

第一节 世界足球锦标赛——世界杯

一、世界足球锦标赛的诞生

1905年6月10日，在巴黎召开的第二次国际足联大会议定在第二年举行首届世界足球锦标赛。但由于经费等原因，比赛流产。第一次世界大战爆发后，该赛事一拖再拖。直到1928年奥运会结束后，由于奥运会足球赛不允许职业运动员参加，而此时，欧洲各国职业足球已经出现，一些优秀运动员参加了职业俱乐部，他们不能代表本国参加奥运会足球赛，使奥运会足球赛不能成为世界上最高水平的比赛。国际足联在巴塞罗那会议上作出决定：首届世界足球锦标赛于1930年在乌拉圭举行，并决定每四年举行一次，冠军球队可以将“金女神杯”保存四年，三次获得世界足球锦标赛冠军的国家队可永久保存该杯。“金女神杯”是由巴黎著名首饰技师弗列尔模仿希腊传说中的胜利女神尼凯铸造的，女神身着古罗马束腰长袍，双臂伸直，手中捧一只大杯。雕像由纯金铸成，重1800克，高30厘米，立在大理石底座上。

1956年，为表彰第三任国际足联主席法国人雷米特为足球运动所作出的贡献，国际足联在卢森堡召开的会议上，决定将比赛易名为“雷米特杯赛”，后来在赫尔辛基会议上又更名为“世界足球锦标赛——雷米特杯”。

1970 年,在第九届世界杯赛上,乌拉圭、意大利、巴西、德国进入四强。除德国外,其他三强都是获得过两次冠军的球队。经过激烈的比赛,最后巴西把握住机会获得冠军,并获得了永久保存“雷米特杯”的资格。

1971 年 5 月,国际足联举行新杯审议会,经过对 53 种方案的评议,决定采用意大利人加扎尼亚设计的两个力士双手高擎地球的方案,这个造形象征着体育的威力和规模,称为“国际足联世界杯”,也称“大力神杯”。杯高 36 厘米,重 5000 克,当时价值 2 万美元。国际足联规定新奖杯为流动奖品,不论哪个队获得多少次冠军,也不能永久占有此杯了,只能享有四年的保存权。1974 年第十届世界杯赛,西德队作为冠军第一次夺得了新奖杯。

二、世界杯的赛制介绍

第一届(1930 年):把参加比赛的 13 支队伍分成 4 个小组进行单循环赛,各小组第一名进入半决赛,半决赛和决赛均采用淘汰赛。

第二届(1934 年):把参加比赛的 31 支队伍分成 12 个小组进行预赛,选出 16 支队伍参加决赛,直接进行淘汰赛,直至决出冠军。

第三届(1938 年):把参加比赛的 36 支队伍分成 11 个小组进行预赛(由于比赛办法由各小组成员之间商定,淘汰赛、循环赛都有,并有多支队伍弃权),选出 16 支队伍参加决赛,直接进行淘汰赛,直至决出冠军。

第四届(1950 年):把参加比赛的 33 支队伍分成 10 个小组进行预赛,选出 16 支队伍参加决赛,再分成 4 个小组,各小组冠军再进行单循环赛决出冠军。

第五届(1954 年)：预选赛采用循环赛，决赛时 16 支队伍分成 4 个小组，每小组设有 2 个“种子队”和“弱队”，比赛时只进行“种子队”与“弱队”的四场比赛，每组积分前两名进入八强，然后抽签决定八强对阵，用淘汰赛决出冠军。

第六届(1958 年)：由于参加队伍多，预选赛提前两年进行，采用双循环赛制，有 16 支队伍参加决赛阶段比赛，名额分配为：东道主瑞典和上届冠军德国各占一席位，欧洲、南美、中北美、亚非地区分别占 9、3、1、1 个席位。决赛阶段 16 支队伍分成 4 个小组进行单循环，小组前两名进入 1/4 决赛，采用淘汰赛决出冠军。

第七届(1962 年)：与上届基本相同，在预选赛上分成 14 个小组，有的采用双循环赛，也有采用主客场淘汰赛。

第八届(1966 年)：与前比没有什么变化。

第九届(1970 年)：决赛阶段的 16 个名额分配如下：欧洲地区 9 个(包括上届冠军英国队)，南美地区 3 个，中北美及加勒比海地区 2 个(包括东道主墨西哥队)，非洲地区 1 个，亚洲及大洋洲地区 1 个。

第十届(1974 年)：决赛阶段除了上届冠军巴西和东道主德国以外 14 个名额分配如下：欧洲 8.5 个，南美洲 2.5 个，中北美及加勒比海地区、非洲、亚洲及大洋洲地区各 1 个，两个 0.5 是由欧洲第九小组第一名与南美洲第三名争夺一个名额。八强产生后，分成两个小组进行单循环，小组第一名参加冠亚军比赛，小组第二名参加三、四名的争夺。

第十一届(1978 年)：与第十届基本相同，没有大的变化。

第十二届(1982 年)：参加决赛阶段的比赛队伍增加到 24 个，名额分配为：欧洲 14 个(包括东道主西班牙队)，南美洲 4 个(包括上届冠军阿根廷队)，北美及加勒比海地区、非洲、亚洲及大洋洲地区各 2 个。决赛阶段的 24 支队先分成 6 个小组进行单循环比赛，6 个小组的前两名 12 支队再分成 4 个小组，小组第一名参加半决赛,进行淘汰赛直到决出冠亚军。

第十三届(1986年):除了上届冠军意大利和东道主墨西哥以外,参加决赛的22个名额分配为:欧洲12.5个,大洋洲地区0.5个,南美洲4个,北美及加勒比海地区1个,非洲、亚洲各2个。24支队先分成6个小组进行单循环比赛,6个小组的前两名和4个最好的第三名进入下一阶段比赛,十六强产生以后进行淘汰赛,决出八强、四强直至冠军。

第十四届(1990年):除了上届冠军阿根廷和东道主意大利以外,参加决赛的22个名额分配为:亚洲、非洲、北美及加勒比海地区各2个,南美洲3个,大洋洲0.5个,欧洲12.5个。比赛方式与第十三届一样。

第十五届(1994年):除了上届冠军德国和东道主美国以外,进入决赛的22个名额分配为:欧洲12个,南美洲3.5个,非洲3个,亚洲2个,大洋洲0.5个,北美及加勒比海地区1个。进入比赛方式与第十四届一样。

第十六届(1998年):进入决赛圈名额增加到32个队,除了东道主法国队和上届冠军巴西队各占一个名额外,另外30个名额分配为:欧洲14个,亚洲3.5个,大洋洲0.5个,非洲5个,南美洲4个,北美及加勒比海地区3个。

第十七届(2002年):除了东道主韩国、日本和上届冠军法国各占一个名额外,另外29个名额分配为:欧洲14个,亚洲2个,大洋洲0.5个,非洲5个,南美洲4.5个,北美及加勒比海地区3个。

第十八届(2006年):进入决赛阶段的比赛名额分配发生了变化,除了东道主德国队直接出线外,改变了上届冠军直接出线的方法(必须参加预选赛)。名额分配为:欧洲14个(包括东道主德国队),非洲5个,大洋洲1个,南美洲4个,北美及加勒比海地区3.5个,亚洲4.5个,两个0.5是由北美及加勒比海地区的第四名与亚洲的第五名争夺一个席位。

三、历届世界杯的比赛成绩

表 7-1　历届世界杯男子足球赛前四名成绩一览表

举行年份	主办国家	冠军	亚军	季军	殿军
1930	乌拉圭	乌拉圭	阿根廷	美国	南斯拉夫
1934	意大利	意大利	捷克斯洛伐克	德国	奥地利
1938	法国	意大利	匈牙利	巴西	瑞典
1950	巴西	乌拉圭	巴西	瑞典	西班牙
1954	瑞士	德国	匈牙利	奥地利	乌拉圭
1958	瑞典	巴西	瑞典	法国	德国
1962	智利	巴西	捷克斯洛伐克	智利	南斯拉夫
1966	英格兰	英格兰	德国	葡萄牙	苏联
1970	墨西哥	巴西	意大利	德国	乌拉圭
1974	德国	德国	荷兰	波兰	巴西
1978	阿根廷	阿根廷	荷兰	巴西	意大利
1982	西班牙	意大利	德国	波兰	法国
1986	墨西哥	阿根廷	德国	法国	比利时
1990	意大利	德国	阿根廷	意大利	英格兰
1994	美国	巴西	意大利	瑞典	保加利亚
1998	法国	法国	巴西	克罗地亚	荷兰
2002	韩国与日本	巴西	德国	土耳其	韩国
2006	德国	意大利	法国	德国	葡萄牙

四、历届世界杯最佳阵型

世界杯最佳阵型主要由新闻传播媒介(如美联社、西班牙埃菲社等)组织评出,1990 年以来由国际足联专家组选出。入选历届世界杯最佳阵型成员见表 7-2。

表 7-2 历届世界杯最佳阵型成员一览表

届次	年份	最佳阵型成员
1	1930	亚克西奇、尤科维奇、纳萨西、安德拉德、赫斯蒂多、斯卡罗内、塞亚、卡斯特罗、费雷拉、斯塔维莱、蒙蒂
2	1934	萨莫拉、金科塞斯、西劳伦、雷格罗、蒙塞利奥、费拉伊斯、吉塔、奥尔希、梅阿扎、蒙蒂、内耶德利
3	1938	普拉及卡、福尼、拉瓦、安德雷奥洛、洛卡特利、科洛乌萨尔、皮奥拉、莱昂尼达斯、多明戈斯、沙罗希、蒂特科斯
4	1950	拉马列茨、帕拉、萨拉、巴雷拉、安德拉德、吉西亚、达尼洛、奇科、阿德米尔、维伊尔、尼尔逊
5	1954	格鲁希奇、博吉克、齐博尔、科奇什、普希卡什、贾·桑托斯、巴威尔、奥克维尔克、圣玛利亚、拉恩、瓦尔特
6	1958	雅辛、布兰奇弗劳尔、贝利尼、尼·桑托斯、迪迪、加林查、贝利、科帕、方丹、哈帕林、格伦
7	1962	安·卡瓦哈尔、索马普斯特、马尔蒂尼、沃罗宁、施内林格、托罗、贾·桑托斯、济托、加林查、瓦瓦、扎加洛
8	1966	班克斯、科恩、穆尔、查尔顿、沃罗宁、契斯连科、马索利尼、贝肯鲍尔、席勒、阿尔贝特、尤西比奥
9	1970	马苏基耶维茨、卡·阿尔贝托、皮亚萨、基尔逊、哈辛诺、贝利、法切蒂、里韦拉、查尔顿、贝肯鲍尔、穆勒
10	1974	托马谢夫斯基、德·伊纳、拉托、福格茨、贝肯鲍尔、奥布拉克、弗·马里尼奥、苏尔比尔、内斯肯斯、克鲁伊夫、伦森布兰克
11	1978	费洛尔、塔朗蒂尼、肯佩斯、贝托尼、福格茨、阿马拉尔、迪尔赛乌、克洛尔、伦森布兰克、卡西奥、罗西
12	1982	佐夫、詹蒂莱、科洛瓦蒂、罗西、博涅克、鲁梅尼格、普拉蒂尼、蒂加纳、路易济尼奥、儒尼奥尔、济科

续表

届次	年份	最佳阵型成员
13	1986	普法夫、霍西马尔、塞萨尔、阿莫罗斯、费尔南德斯、莱因克尔、布特拉格诺、马拉多纳、布罗文、布鲁查加、巴尔达诺(美联社选出的为舒马赫、布里格尔、西马尔、卡雷卡、莱因克尔、博西斯、普拉蒂尼、拉尔森、埃尔克耶尔、马拉多纳、布鲁查加)
14	1990	戈耶切亚、马拉多纳、布雷默、马特乌斯、巴雷西、马尔蒂尼、斯基拉齐、巴乔、科曼、斯托依科维奇、莱因克尔
15	1994	普雷德霍姆、约金霍、桑托斯、邓加、罗马里奥、马尔蒂尼、巴拉科夫、斯托伊奇科夫、布洛林、哈吉、巴乔
16	1998	巴特斯、奇拉维特、德塞利、图拉姆、罗伯特·卡洛斯、弗兰克·德波尔、加马拉、戴维斯、邓加、里瓦尔多、齐达内、米凯尔·劳德鲁普、罗纳尔多、博格坎普、布里安·劳德鲁普、苏克尔;替补为范·德萨、亨利、奥科查、欧文、贝龙、维埃里
17	2002	卡恩、鲁斯图、卡洛斯、坎贝尔、洪明甫、阿尔帕伊、希耶罗、里瓦尔多、罗纳尔迪尼奥、雷纳、巴拉克、柳相铁、罗纳尔多、迪乌夫、哈桑-萨斯、克洛斯

五、中国男足征战历届世界杯情况介绍

(一) 第一次冲击——1958年的第六届世界杯

这是中国队首次参加世界杯预选赛,亚洲和非洲有8个队参加,分成4个小组,采用主客场淘汰赛,确定一个队出线参加十六强的决赛阶段比赛。

中国队主教练是阿姆别尔·约瑟夫(匈牙利),队员为:张俊秀、黄肇文、陈复赉、高箌时、王德发、王克斌、姜杰祥、朴万福、周兴、王锡文、张京天、年维泗、哈增光、张宏根、方纫秋、王陆、邢桂福、孙福成。中国队与印尼队分在第一小组,在1957年5月14日

客场以0：2负印尼队，在1957年6月2日主场4：3胜印尼队，按照规定要在第三国进行一场附加赛。第三场比赛在缅甸进行，双方以0：0战平，印尼队因为比中国队多一个净胜球而进入下一轮比赛。由于第二小组的土耳其弃权，以及以后的印尼、苏丹、埃及拒绝与以色列比赛，这样以色列一场未踢，获得代表亚非地区参加决赛阶段的资格。但这引起各国普遍反对，国际足联决定由欧洲9个小组和南美洲3个小组的第二名参加抽签，与以色列进行比赛以确定一个出线名额，最后威尔士以两个2：0获胜出线，这样欧洲人就把亚非地区仅有的一个名额夺走了。

（二）第二次冲击——1982年的第十二届世界杯

由于决赛阶段的比赛名额增加到24个，亚洲与大洋洲作为一个赛区争夺2个名额，参加预选赛的有21个队，分成4个小组，每个小组的第一名进入第二阶段4个队的主客场循环比赛（地区决赛），前两名代表该赛区出线。

参加本届世界杯预选赛的中国队的主教练是苏永舜，教练员是张宏根、胡之钢，队员为李富胜、杨宁、许建平、林乐丰、刘志才、蔡锦标、迟尚斌、臧蔡灵、陈熙荣、容志行、黄向东、左树生、陈金刚、古广明、徐永来、沈祥福、王峰、杨玉敏、刘利福、刘承德、吴育华、李福宝、黄军伟。

在小组预选赛中，中国队分在第四小组。在编组赛中，将6个队分成A、B两组，每组前两名进行交叉淘汰赛，中国队在B组中分别以3：0、1：0胜澳门和日本，获得B组第一。在与A组的第二名中国香港队比赛中双方实力接近，120分钟内战成0：0，最后通过罚点球决胜负，代表中国队的黄向东、左树声、迟尚斌、王峰、容志行五罚全中，以5：4胜出。在与朝鲜队决定谁是第四小组第一的比赛中，90分钟内战成2：2，在加时赛中以2：0获胜。这样，中国队以第四小组第一名的成绩参加下一阶段比赛。

在地区决赛中，中国队在与科威特的比赛中主场以3：0胜、客场以0：1负，中国队在与新西兰的比赛中主场以0：0平、客场以0：1负，中国队在与沙特队在吉隆坡的比赛中以4：2和2：0胜。由于本次比赛采用胜一场积2分、平积1分的计分方法，科威特以四胜一平积9分获得出线，中国队三胜一平积7分，新西兰两胜三平也积7分，中、新两队需进行附加赛决定另外一个出线名额。在新加坡举行的附加赛中，中国队以1：2负于新西兰队，这样新西兰队出线，而中国队被淘汰。

（三）第三次冲击——1986年的第十三届世界杯

本届世界杯亚洲有2个名额，24个队分成4个大组，每个大组分成2个小组，每个小组第一名进入第二阶段比赛，每个大组第一名进入四强的淘汰赛，直到前两名出线。

参加本届世界杯预选赛的中国队主教练是曾雪麟，教练员是戚务生、徐根宝，队员为路建人、王振杰、傅玉斌、林乐丰、吕洪祥、贾秀全、池明华、朱波、左树生、赵达裕、李辉、杨朝晖、古广明、李华筠、柳海光、王惠良、吴群立、唐尧东、黄德兴、秦国荣、林强。中国队分在第四大组的第一小组，中国队与中国香港队战成客场0：0、主场1：2，中国队与中国澳门队分别以客场4：0、主场6：0胜出，中国队与文莱队的比赛分别在澳门、香港以8：0和4：0胜出。中国香港队积11分获得小组第一，得以进入下一阶段比赛。而中国队积9分获得小组第二，失去参加下一阶段比赛的资格。最后，韩国队和伊拉克队代表亚洲地区参加1986年的墨西哥第十三届世界杯。

（四）第四次冲击——1990年的第十四届世界杯

参加本届世界杯预选赛的中国队主教练是高丰文，教练员是胡之刚、肖笃寅，参加比赛的队员为朱波、段举、麦超、郭亿军、马林、高升、张惠康、王宝山、孔国贤、谢育新、张小文、涂胜桥、翟飚、黄崇、施连志、董礼强、伍文兵、贾秀全、柳海光、傅玉斌等。

在亚洲区预选赛中，中国队分在第五小组，中国队与孟加拉队的比赛分别以主场2∶0、客场2∶0胜出，中国队与泰国队的比赛分别以主场2∶0、客场3∶0胜出，中国队与伊朗队的比赛主场2∶0胜、客场2∶3负，中国队以小组第一进入新加坡六强的决赛。

在新加坡举行的六强赛上，中国队以2∶1胜沙特、1∶2负阿联酋、0∶1负韩国、1∶0胜朝鲜、1∶2负卡塔尔，最终获得第三名，失去了参加决赛阶段比赛的资格，而韩国和阿联酋代表亚洲地区参加决赛阶段比赛。在本次比赛中，中国队经历了两个“黑色三分钟”，中国足球也开始有了“恐韩症”。

（五）第五次冲击——1994年的第十五届世界杯

亚洲地区28个队参加预选赛，分成两个阶段争夺2个名额，第一阶段分成6个小组进行，小组第一名进入第二阶段（卡塔尔多哈的六强赛）的比赛。

参加本届世界杯预选赛的中国队的主教练是德国的施拉普纳，教练是徐根宝、杨一民，队员为：区楚良、谢育新、蔡晟、冯志刚、郝海东、李明、徐弘、高洪波、范志毅、贾秀全、黎兵、董礼强、朱波、吴群立、李晓、赵琳、彭伟国、成耀东、高仲勋、徐涛、魏克兴、李勇，徐弢、赵发庆、李红兵、孙伟、翟飙、李强也参加了比赛。

在第一阶段小组赛中，中国队分在第一小组（A组），有5个参赛队。比赛又分为两个阶段进行，第一阶段在约旦的伊尔比德，第二阶段在中国成都。从1993年5月22日至5月30日在约旦伊尔比德进行的比赛中，中国队以0∶1负于伊拉克、0∶1负于也门、3∶0胜约旦、5∶0胜巴基斯坦。从1993年6月12日至6月20日在中国成都进行的比赛中，中国队以2∶1胜伊拉克、1∶0胜也门、4∶0胜约旦、3∶0胜巴基斯坦。最后，中国队积12分列小组第二，未能进入卡塔尔多哈的六强赛，而伊拉克积13分列小组第一，进入下一阶段比赛。经过卡塔尔多哈的六强赛，沙特阿拉伯和韩国出线，获得参加在美国举行的第十五届世界杯决赛阶段比赛的资格。

（六）第六次冲击——1998年的第十六届世界杯

由于本届进入决赛圈的名额增加到32个队，亚洲获得3.5个，大洋洲获得0.5个，这就是说亚洲的第四名与大洋洲的第一名争夺一个名额。

参加本届世界杯预选赛的中国队的主教练是戚务生，教练是陈熙荣、谷明昌，技术顾问是陈成达、鲍克斯顿，队员为徐弘、张恩华、孙继海、李明、王涛、郝海东、韩文海、魏群、马明宇、黎兵、范志毅、吴兵、曹限东、彭伟国、区楚良、宿茂臻、李铁、隋东亮、李金羽、张效瑞、毛毅军、高峰，还有江津、符兵、谢峰、邹侑根、高洪波、姚夏、于根伟。

在小组赛中，中国队分在第八小组，在客场分别以4：1、1：0、3：1胜土库曼斯坦、塔吉克斯坦、越南，在北京主场分别以4：0、1：0胜越南、土库曼斯坦以及0：0战平塔吉克斯坦，获得小组第一名，进入十强赛。

在第二阶段的十强赛中，中国队在主场分别以1：0胜沙特、1：0胜科威特、2：3负于卡塔尔、2：4负于伊朗，在客场分别以2：1胜科威特、1：1平卡塔尔、1：1平沙特、1：4负于伊朗，以三胜二平三负积11分列本组第三，冲击世界杯又一次失败。沙特、韩国、日本直接进入法国世界杯决赛阶段比赛。而伊朗与大洋洲第一名澳大利亚队进行附加赛，最终伊朗获得出线权。

（七）第七次成功进入2002年的第十七届世界杯赛

由于东道主是韩国和日本两个国家，两国直接出线，亚洲只有2个出线名额。参加亚洲区预选赛的中国队，由主教练米卢蒂诺维奇（南斯拉夫）带领，参加比赛队员为江津、符兵、区楚良、范志毅、孙继海、李玮峰、吴承瑛、张恩华、徐云龙、马明宇、李铁、祁宏、李明、邵佳一、申思、李霄鹏、曲波、谢晖、杨晨、黎兵、李金羽、李毅，参加亚洲十强决赛的还有：安琪、杜威、杨璞、宿茂臻、郝海东、张玉宁、于根伟。中国队分在第九小组，主场分别以10：1、5：1、3：1

战胜马尔代夫、印尼、柬埔寨，客场分别以1：0、4：0、2：0战胜马尔代夫、柬埔寨、印尼，保持全胜，积18分获得小组第一名，进入十强赛。在十强赛上，中国队分在B组，主场分别以3：0、2：0、1：0、3：0战胜阿联酋、乌兹别克斯坦、阿曼、卡塔尔，客场以1：0战胜阿联酋、2：0战胜阿曼、1：1战平卡塔尔、0：1负于乌兹别克斯坦，积19分获得B组第一名，进军2002年韩日世界杯。

参加2002年第十七届世界杯决赛阶段比赛的中国队的主教练是米卢蒂诺维奇，教练员是金志扬、迟尚斌、徐弢、沈祥福，队员为江津、安琦、区楚良、张恩华、杨璞、吴承瑛、范志毅、孙继海、李玮峰、杜威、徐云龙、李铁、马明宇、李霄鹏、祁宏、邵佳一、肇俊哲、高尧、郝海东、于根伟、宿茂臻、曲波、杨晨。中国队分在C组，在韩国进行小组循环赛，分别以0：2、0：4、0：3负于哥斯达黎加、巴西、土耳其，没有实现至少进一球的目标。

（八）参加2006年的世界杯预选赛

在本届世界杯预选赛中，亚洲获得4.5个席位，北美及加勒比海地区有3.5个席位，两个0.5是由北美及加勒比海地区的第四名与亚洲的第五名争夺一个席位。亚洲区预选赛第一阶段分成8个小组，每组第一名进入第二阶段比赛，8个队分成两个组，每组前两名出线，两个小组的第三名进行附加赛，胜者与北美及加勒比海地区的第四名争夺最后一个名额。

参加本届世界杯预选赛的中国队的主教练是阿里汉，队员有李健、刘云飞、季铭义、郑智、李玮峰、肖战波、杜威、魏新、杨璞、孙继海、阎嵩、郑斌、肇俊哲、徐亮、徐云龙、李霄鹏、于根伟、李铁、邵佳一、郝海东、李毅、李金羽、张玉宁以及孙寿博、陈涛、郝伟、赵旭日、张烁、周海滨、陶伟、周挺。

在2006年世界杯亚洲区预选赛中，中国队分在D组，在主场分别以1：0、4：0、7：0战胜科威特、马来西亚、中国香港，在客场以1：0战胜中国香港、1：0战胜马来西亚、0：1负于科威特。中国队与科威特都积 15 分,并且净胜球也同为 13 个,但科威特的进球数为 15 个,比中国队多一个,这样科威特以小组第一名参加下一阶段的比赛,中国队失去继续参加比赛的资格。最后,韩国、日本、沙特、伊朗代表亚洲参加德国世界杯。

第二节　奥运会足球赛

第一届现代奥运会自 1896 年在希腊雅典举行以来,除 1916 年、1940 年和 1944 年因两次世界大战中断,以及 1932 年洛杉矶奥运会没有举行外,在历届奥运会中都有男子足球赛。因此,奥运会足球赛是最古老的世界性足球赛。但自从 1930 年举行第一届世界杯足球赛以来,奥运会足球赛作为世界足球赛事第一的位置被世界杯足球赛所取代。

一、奥运会男子足球赛的发展历程

综观一百多年来现代奥运会男子足球赛的发展变化,其大致经历了六个阶段。

(一) 1896—1908 年奥运会足球比赛被列为表演赛

在前四届奥运会中,足球赛是表演项目比赛。第一届有希腊(两个队为埃斯米尔纳市代表队和萨洛尼卡市代表队)和丹麦队两个国家参加,先进行希腊两个队的比赛,埃斯米尔纳市代表队获胜。在决赛时,丹麦队以 15∶0 狂胜埃斯米尔纳市代表队而获得冠军,而埃斯米尔纳市代表队获得亚军,萨洛尼卡市代表队获得季军。第二届有英国、法国、比利时三国参加比赛,最后英国的阿普顿公园队获得冠军,法国的法兰西运动员协会联盟队获得亚军,比利时队获得季军。第三届有美国(分为美国克里斯汀兄弟大学队和美国圣玫瑰学校队)和加拿大队(加尔特俱乐部队)两个国家参加,最后加拿大队以4∶0、7∶0击败美国的两个队获得冠军,而美国克里斯汀兄弟大学队以2∶0击败美国圣玫瑰学校队获得亚军。第四届于1908年在英国伦敦举行,由于有4个国家队(英国、丹麦、荷兰、瑞典)参加比赛,并按照英格兰足协规则进行比赛,因此,通常认为1908年是奥林匹克足球的诞生年,最后英国和丹麦分获冠亚军。

(二) 1912—1928年奥运足球的稳步发展

在1912年第五届瑞典斯德哥尔摩奥运会上,足球被列为正式比赛项目。组委会规定各国只允许一个队参加比赛。参加本届比赛的队伍均来自欧洲。

在1920年第七届比利时安特卫普奥运会上,第一次有来自非洲的国家队——埃及队与来自欧洲的14支队伍参赛。在比利时和捷克斯洛伐克争夺冠亚军的比赛中,由于捷克斯洛伐克队抗议裁判判罚不公而提前退场,结果判比利时队2∶0获胜,同时取消捷克斯洛伐克队比赛资格,并决定在复赛中被淘汰的四支队伍间进行淘汰赛,获胜队与荷兰队参加争夺亚军的比赛。结果是西班牙先后战胜瑞典和意大利,进入与荷兰争夺亚军的比赛(西班牙获得亚军,荷兰获得季军),而将半决赛中负于捷克斯洛伐克队的法国队置之不理,引起法国强烈不满。

在1924年法国巴黎奥运会上,有21个队报名参加比赛,南美洲(乌拉圭)第一次派队参加,这样有欧洲、非洲、南美洲三个洲的国家队参加。英国继续抵制没有派队参赛,德国由于政治原因被拒门外。在1928年的荷兰阿姆斯特丹奥运会上,美洲有5个队报名参加比赛,德国被重新接纳为国际足联会员,并派队参赛。

(三) 1932—1944年奥运会足球赛的衰落

由于1930年世界杯足球赛的举行,奥运会足球赛只允许业余选手参加,欧洲国家对参加奥运会足球赛兴趣不浓等因素,1932

年的洛杉矶奥运会没有举行足球比赛。在1936年第十一届柏林奥运会上,亚洲的中国队和日本队参加比赛。由于政治原因,法国没有参赛。在秘鲁与奥地利争夺进入半决赛资格的复赛中,秘鲁队以3∶2领先时,观众冲进场内拥抱秘鲁队员,导致比赛中断几分钟。继续比赛后,秘鲁以4∶2获胜,组织者认为比赛不符合规定,要求重新进行比赛,遭到秘鲁队的拒绝。组委会宣布奥地利队进入半决赛,使秘鲁队失去继续参加比赛的资格。1940年和1944年,由于第二次世界大战,奥运会停办。

(四) 1948—1968年,奥运足球成为业余球员进入职业球队的跳板,比赛规模扩大

在举行了两届世界杯比赛后,各国足球体制迅速发生变化,昔日为参加奥运会而采取非公开性职业足球体制的国家纷纷正式宣布实行职业足球制度。此时,国际奥委会决定奥运足球成为世界业余足球的较量舞台。

第二次世界大战之后,职业足球风行欧洲、南美洲,奥运会足球赛成为年轻业余选手进入职业队的跳板。在1948年的伦敦奥运会上,获得冠军的瑞典队中大部分明星队员转会到意大利和西班牙等国的俱乐部。而在1952年赫尔辛基奥运会上,获得冠军的匈牙利队中大部分球员也成功进入欧洲各国联赛。

但是,苏联等东欧国家仍坚持非公开性的职业足球制度,他们的实力在奥运足球赛上占有明显优势。东欧国家的这种足球体制引起了西方国家的强烈反对,他们纷纷向国际足联抗议,并且大部分西欧国家拒绝参加1956年的墨尔本奥运会足球赛,奥运足球再次陷入危机。在1960年罗马奥运会上,国际奥委会规定了凡是参加了世界杯赛的球员不准参加奥运会。国际奥委会严格执行决议,使1964年东京奥运会和1968年的墨西哥奥运会上参加球队增多(东京奥运会上有64支队、墨西哥奥运会上有78支队)。同时比赛赛制也发生了变化:先进行各赛区预选赛,十六强进入决赛阶段比赛，并分成四个小组进行单循环，小组第一名进入下一阶段的淘汰赛。

（五）1972—1980年，参加世界杯赛球员不能参加奥运会的规定废止

在1972年慕尼黑奥运会上，国际奥委会停止执行参加世界杯足球赛的球员不能参加奥运会比赛的规定，东欧国家受益匪浅。1978年，国际足联规定欧洲各国和南美各国不得让参加过世界杯比赛的球员参加奥运会（含预选赛），但由于球员资格的认定权力在各国奥委会，这样问题仍然没有得到解决。同时，由于政治原因，出现了抵制奥运会甚至集体退出比赛的情况。

（六）1984年至今奥运会足球赛的稳定发展

这一时期，从参加奥运会足球赛球员年龄方面进行限制，使奥运会足球赛定位为培养年轻球员，完善足球运动的四级模式，使奥运会足球赛得到稳定发展。

1984年，国际足联主席阿维兰热宣布，除欧洲和南美参加过世界杯决赛的球员不得参加奥运会外，今后不再区分职业和业余。1984年洛杉矶奥运会的足球赛水平得到明显提高。1988年7月，国际足联正式决定：参加奥运会足球比赛的球员年龄将限制在23岁以下，并成为国际足联系列赛四个年龄组中的一个世界大赛，在巴塞罗那奥运会上开始执行。这些变革使奥运会足球赛的吸引力提高，使奥运足球有了新的转机。

二、现代奥运会男子足球赛的成绩

表 7-3　历届现代奥运会足球赛前三名成绩一览表

届次	年份	举办国家	冠军	亚军	季军
1	1896	希腊	丹麦	埃斯米尔纳市队（希腊）	萨洛尼卡市队（希腊）
2	1900	法国	阿普顿公园	法兰西运动员协会联盟	比利时
3	1904	美国	加尔特俱乐部	美国克里斯汀兄弟大学	美国圣玫瑰学校
4	1908	英国	英国	丹麦	荷兰
5	1912	瑞典	英国	丹麦	荷兰
7	1920	比利时	比利时	西班牙	荷兰
8	1924	英国	乌拉圭	瑞士	瑞典
9	1928	荷兰	乌拉圭	阿根廷	意大利
11	1936	德国	意大利	奥地利	挪威
14	1948	英国	瑞典	南斯拉夫	丹麦
15	1952	芬兰	匈牙利	南斯拉夫	瑞典
16	1956	澳大利亚	苏联	南斯拉夫	保加利亚
17	1960	意大利	南斯拉夫	丹麦	匈牙利
18	1964	日本	匈牙利	捷克斯洛伐克	德国
19	1968	墨西哥	匈牙利	保加利亚	日本
20	1972	德国	波兰	匈牙利	苏联、德国并列
21	1976	加拿大	德国	波兰	苏联
22	1980	苏联	捷克斯洛伐克	德国	苏联
23	1984	美国	法国	巴西	南斯拉夫
24	1988	韩国	苏联	巴西	德国
25	1992	西班牙	西班牙	波兰	加纳
26	1996	美国	尼日利亚	阿根廷	巴西
27	2000	澳大利亚	喀麦隆	西班牙	智利
28	2004	希腊	阿根廷	巴拉圭	意大利

三、中国男子国家队参加历届奥运会足球赛的回顾

(一) 第一次参加现代奥运会足球赛

中国队第一次参加现代奥运会足球赛是1936年的第十一届柏林奥运会。教练是颜成坤，队员为包家平、黄纪良、李天生、麦绍汉、蔡文礼、谭江柏、梁荣照、梁树棠、徐亚辉、黄美顺、陈镇和、李国威、曹桂成、贾幼良、冯景祥、张显元、李惠堂(队长)、孙锦顺、卓石金、叶兆华、郑季良、杨水益。中国队在预赛中以0：2负于英国队，失去参加复赛资格。

(二) 第二次参加现代奥运会足球赛

中国队第二次参加现代奥运会足球赛是1948年的第十四届伦敦奥运会，教练是李惠堂，队员为来自上海的张邦伦、严士鑫、谢锦洪、高保正，来自马来西亚的华人邹文治、郭英祺、李大辉，来自中国香港的朱志成、侯榕生、刘松生、宋灵圣、何应芬、冯景祥(队长)、张金海、朱永强、谢文良、黎兆荣、叶清荣。中国队在预赛中以0：4负于土耳其队，失去参加复赛资格。

(三) 参加1952年赫尔辛基奥运会足球赛

这次是中国第三次派队参加奥运会足球赛，只是由于迟到未能参加比赛。教练是李凤楼，队员为张邦伦、马绍华、何家统、王礼宾、王政文、陈成达、李逢春、丛安庆、郭鸿宾、金龙湖、李朝贵、孙福成、郑德耀、张杰、方纫秋。

(四) 因故放弃第十六届墨尔本奥运会决赛阶段比赛资格

1956年5月，中国队前往印度参加第十六届墨尔本奥运会足球预选赛，教练是柯轮，队员为张俊秀、徐福生、谢鸿钧、王克斌、丛安庆、朴万福、张京天、陈成达、王立惟、王陆、孙福成、方纫秋、史万春、年维泗、张宏根、丛者余、陈家亮、孙保荣、成文宽、崔曾石。由于对手菲律宾队弃权，中国队不战而胜获得出线权，但最后因故没有参加决赛阶段的比赛。

（五）参加1980年第二十二届奥运会亚洲区预选赛

当时，中国队的教练是陈成达、年维泗、任彬，队员为：李富胜、许建平、王峰、何佳、林乐丰、刘志才、迟尚斌、黄向东、臧蔡灵、左树声、杨玉敏、古广明、徐永来、李福宝、沈祥福、容志行、相恒庆。在小组预选赛中，中国队分在第三小组，以1∶0、7∶0战胜印度和斯里兰卡，以2∶2、1∶1战平伊朗和朝鲜，以0∶1负于新加坡，最后获得小组第三名，失去了参加莫斯科奥运会决赛阶段比赛的资格。

（六）参加1984年第23届奥运会亚洲区预选赛

当时，中国队的教练是曾雪麟、徐根宝、戚务生，队员为李富胜、杨宁、林乐丰、臧蔡灵、刘志才、贾秀全、李辉、李华筠、古广明、沈祥福、柳海光、高升、林强、左树声、郑彦、吕洪祥、秦国荣、赵达裕、池明华、朱波、冼惠良。在小组赛中，中国队分在第四小组，以4∶0、3∶1战胜中国香港队，以3∶3、0∶0战平韩国队，以0∶0战平、0∶1负于泰国队，获小组第三名而被淘汰。

（七）参加1988年第二十四届汉城奥运会足球赛决赛阶段比赛

当时，中国队的教练是高丰文、胡之刚，队员为贾秀全、柳海光、马林、唐尧东、张惠康、孔国贤、郭亿军、张小文、李辉、高升、朱波、王宝山、段举、麦超、谢育新、王军、霍建廷、朱平。在亚洲地区预选赛第一阶段的小组赛中，中国队主场以9∶0、1∶0战胜菲律宾队和中国香港队，客场以10∶0战胜菲律宾队、0∶0战平中国香港队，进入第二阶段比赛。在第二阶段比赛中，中国队主场以8∶0、2∶0战胜尼泊尔队和泰国队，并以0∶1负于日本队，客场以12∶0、1∶0、2∶0战胜尼泊尔、泰国、日本队，获得亚洲区出线资格。

在汉城奥运会足球赛决赛阶段比赛中，中国队分在第一小组，以0∶3、0∶2负于德国队和瑞典队，与突尼斯队战成0∶0，获得小组最后一名，失去参加下一阶段比赛资格。

（八）参加 1992 年第二十五届巴塞罗那奥运会亚洲赛区预选赛

当时，中国队教练是徐根宝、杨礼敏、李松海、桑廷良，队员为江津、冯志刚、黎兵、高玉勇、范志毅、徐弘、魏意民、张军、郝海东、翟飙、胡志军、彭伟国、慕军、曾繁钦、黄洪涛、余捷、蔡庆辉、陈伟、沈嵘，李明、李虎、高峰、魏群也参加了比赛。

在 1991 年 8 月平壤赛区的亚洲区小组赛上，中国队分别以 12：0、3：0、4：0 战胜马尔代夫、新加坡、尼泊尔队，与朝鲜队 1：1 战平。在 1991 年 8 月的北京赛区中，中国队分别以 17：0、3：0、10：0、1：0战胜马尔代夫、新加坡、尼泊尔、朝鲜队，获得参加亚洲区决赛阶段比赛的资格（吉隆坡阶段的比赛）。

在 1992 年 1 月吉隆坡阶段的比赛中，中国队在前四场比赛中获得三胜一负的好成绩（分别以 2：1、1：0、3：0 战胜日本、科威特、巴林，以 0：1 负于卡塔尔），但在最后一场只需踢平韩国队即可出线的比赛中，没能把握住机会，开赛仅 9 分钟就以 0：3 落后，最后以 1：3 败北，失去进军巴塞罗那的机会。

（九）参加 1996 年第二十六届亚特兰大奥运会亚洲赛区预选赛

当时，中国队的教练是戚务生、谷明昌、陈熙荣，队员为孙刚、张蓬生、刘越、张恩华、吴承瑛、肖坚、朱琪、李明、陈刚、申思、孙建军、姚夏、杨晨、周宁、彭伟军、李玉展、庄毅、谢晖、谭恩德、于根伟，参加小组赛的队员还有于远伟、李小鹏、潘毅、曲圣卿、王灏。

在亚洲赛区小组预选赛中，中国队主场以 4：0、2：1 战胜新加坡、马来西亚队，客场以 2：0、3：1 战胜马来西亚、新加坡队，获得参加吉隆坡决赛阶段比赛的资格。在吉隆坡的决赛阶段的比赛中，中国队分在 B 组，以 4：2 战胜哈萨克斯坦队、1：1 战平沙特阿拉伯队、0：3 负于韩国队，没能获得出线权。

（十）参加2000年第二十七届悉尼奥运会亚洲赛区预选赛

当时，中国队的主教练是霍顿（英国），教练是朱广沪、桑廷良、唐鹏举，队员为陈东、李健、李蕾蕾、张玉宁、王鹏、李金羽、李毅、肇俊哲、黄勇、李铁、隋东亮、张效瑞、李彦、张然、孙继海、李伟峰、舒畅、郑智、陶伟、闵劲、马永康、刘俊威。

在亚洲赛区小组预选赛中的河内赛区，中国队以4∶0、4∶0、1∶0战胜越南、缅甸、朝鲜队；在上海赛区，以3∶0、6∶0、2∶0战胜越南、缅甸、朝鲜队，获得参加亚洲赛区决赛阶段比赛的资格。

在亚洲赛区决赛阶段的比赛中，中国队分在B组，在上海主场以2∶1胜巴林、1∶1平韩国，在客场以1∶0胜巴林、0∶1负韩国，获得B组第二名，失去参加悉尼奥运会的机会。

（十一）参加2004年第二十八届雅典奥运会亚洲赛区预选赛

亚足联对亚洲区预选赛的赛制进行改革，将34支参赛球队分为6个小组，其中12支球队列入种子队范围，按抽签结果分到A、B两组；另外22支球队按照积分档次参加资格赛，分在C、D、E、F组。第一阶段的资格赛：根据抽签结果（C组对E组，D组对F组）进行主客场淘汰赛，胜者晋级第二阶段的比赛。第二阶段的比赛：从资格赛中晋级的11支队与直接进入第二阶段比赛的A、B两个小组的种子队进行主客场的淘汰赛（A对C、E胜者，B对D、F胜者，其中A组有一个球队经过抽签直接进入下一阶段比赛），胜者进入第三阶段决赛。第三阶段的决赛：12支球队分成3个小组进行主客场循环赛，每个小组的第一名获得晋级雅典奥运会的入场券。

中国队的主教练是沈祥福，教练为唐鹏举、孙成耀、陈金刚、王建英，队员为杜威、孙吉、安琦、吴坪枫、张宝峰、张耀坤、胡兆军、陆峰、高明、王栋、曹明、阎嵩、王圣、孙祥、于涛、周麟、杨君、娇喆、徐亮、曹阳（王新欣、张亚林、路姜、杜震宇、吴伟安、曲波、李大维、冯祺、张树栋、徐晓飞、冯萧霆、隋勇、马亮、宗磊、王斌、杨林）。

中国队作为种子队分在A组，不需要参加第一阶段的资格赛，直接进入第二阶段的比赛。叙利亚在资格赛中主场以6∶1、客场以2∶0战胜巴基斯坦队，进入第二阶段与中国队比赛。中国队主场胜叙利亚，客场负于叙利亚，但中国队凭多一个净胜球优势进入第三段比赛。在第三段比赛中，中国队分在A组，主场以3∶1胜伊朗、1∶1平马来西亚、0∶2负于韩国，客场以2∶1胜马来西亚、1∶2负于伊朗、0∶1负于韩国，积7分获得A组第三，失去参加雅典奥运会足球赛资格。而韩国获得A组第一名，争取到参加雅典奥运会足球赛的一个名额。

四、奥运会女子足球赛

奥林匹克足球赛是足球历史上最悠久的国际大赛，在1896年希腊第一届奥运会上，男子足球赛就列为表演项目。而女子奥运足球赛是在1996年美国亚特兰大第二十六届奥运会上才被列为奥运会正式比赛项目的，比女子世界杯足球赛还晚了五年。

1993年9月20日，在国际足联和美国亚特兰大奥运会组委会的努力下，在摩纳哥蒙特卡洛召开的第一〇一次国际奥委会全会上，批准女子足球为奥运会正式比赛项目。1996年第二十六届奥运会增设女子足球比赛，有力地推动了女子足球在世界各地的开展。

（一）历届奥运会女子足球赛成绩

表7-4 历届奥运会女子足球赛的前四名成绩一览表

届次	年份	举办国家	冠军	亚军	季军	殿军
1	1996	美国	美国	中国	挪威	巴西
2	2000	澳大利亚	挪威	美国	德国	巴西
3	2004	希腊	美国	巴西	德国	瑞典

（二）中国女子国家队参加历届奥运会足球赛的回顾

1. 1996 年参加美国亚特兰大奥运会女子足球赛

当时，中国女子国家队主教练是马元安，教练是李锡财、李必、刘丹，参赛队员为钟红莲、高红、谢慧琳、范运杰、水庆霞、王丽萍、赵利红、孙庆梅、施桂红、韦海英、陈玉凤、于红旗、刘英、刘爱玲、温莉蓉、孙雯、牛丽杰，替补队员赵燕、李亚婷、张岩。

在小组赛中，7 月 21 日中国队以 2∶0 战胜瑞典队，施桂红和赵利红为中国队各进一球；7 月 23 日中国队以 5∶1 战胜丹麦队，施桂红、刘爱玲、孙庆梅各进一球，而范运杰进两球；7 月 25 日中国队以 0∶0 战平美国队，并以小组第一名进入半决赛。在 7 月 28 日的半决赛中，中国队以 3∶2 战胜巴西队，孙庆梅进一球，而韦海英进两球。在 8 月 1 日的冠亚军决赛中，中国以 1∶2 负于美国队，获得亚军，王丽萍为中国队打进一球。在本届奥运会上，中国女足队员被大家称为“铿锵玫瑰”。

2. 2000 年参加澳大利亚悉尼奥运会女子足球赛

当时，中国女子国家队主教练是马元安，教练是李必、严绅坚，参赛队员为刘爱玲、刘英、温莉蓉、金嫣、樊春玲、孙雯、水庆霞、浦伟、谢慧琳、潘丽娜、高红、赵利红、邱海燕、范运杰、王丽平、张鸥影、白洁、韩文霞，替补队员朱静、拜丽芳。

在小组赛中，9 月 14 日中国队以 3∶1 战胜尼日利亚队，赵利红进一球，而孙雯进两球；9 月 17 日中国队以 1∶1 战平美国队，孙雯为中国打进一球；9 月 20 日在中国队与挪威队的比赛中，中国队只要战平就可以小组第二出线，但令人遗憾的是中国队以 1∶2失利，这是中国女足自参加国际大赛以来，首次未能进入第二阶段比赛。

3. 2004 年参加希腊雅典奥运会女子足球赛

当时，中国女子国家队主教练是张海涛，教练是高荣明、赵争春，参赛队员为肖珍、晋晓梅、李洁、王丽平、范运杰、浦玮、张鸥影、毕妍、韩端、滕巍、白莉莉、曲飞飞、刘华娜、史丹、任立萍、张颖、季婷、高颖颖、钟金玉、刘亚莉、王坤、宁珍云。

在小组赛中,8 月 11 日中国队以 0∶8 负于德国队,德国队的普林茨四次进球,上演了“帽子戏法”。另外,温德林克、林戈尔、波勒尔斯、穆勒各进一球。8 月 14 日中国队以 1∶1 战平墨西哥队,墨西哥队的萨尤埃德进一球,中国队的季婷打进一球,这是本次奥运会上中国队打入的唯一一个进球。这次比赛也是中国女子足球队在参加三次奥运会以来,第二次未能进入第二阶段比赛。

第三节 世界青年足球锦标赛

一、世界青年足球锦标赛简介

1976 年,在国际足联主席阿维兰热的提议和促成下,国际足联决定每两年举办一届世界青年足球锦标赛。通过公开招标,与美国可口可乐公司达成赞助协议,比赛称为国际足联可口可乐杯——世界青年足球锦标赛,并于 1977 年在突尼斯举行首届比赛。

比赛分为预选赛和决赛两个阶段,预选赛是以各个洲青年足球锦标赛的形式进行,决赛阶段有 16 支队伍参加。名额分配为欧洲 6 支,南美洲 3 支,亚洲、非洲和中北美洲各有 2 支,还有东道主队。

经过两届成功举办后,国际足联将 1981 年在澳大利亚举办的第三届可口可乐杯世界青年足球锦标赛正式改名为第一届世界青年足球锦标赛——可口可乐杯。1997 年在马来西亚举行的世界青年足球锦标赛上,决赛球队由 16 支增至 24 支,名额分配为欧洲 6 支,南美洲、亚洲、非洲和中北美洲各 4 支,大洋洲 1 支,再加上东道主队。

二、历届世界青年足球锦标赛成绩

表7－5　历届世界青年足球锦标赛前四名成绩一览表

届次	年份	举办国家	冠军	亚军	季军	殿军
1	1977	突尼斯	苏联	墨西哥	巴西	乌拉圭
2	1979	日本	阿根廷	苏联	乌拉圭	波兰
3	1981	澳大利亚	西德	卡塔尔	罗马尼亚	英格兰
4	1983	墨西哥	巴西	阿根廷	波兰	韩国
5	1985	苏联	巴西	西班牙	尼日利亚	苏联
6	1987	智利	南斯拉夫	西德	东德	智利
7	1989	沙特阿拉伯	葡萄牙	尼日利亚	巴西	美国
8	1991	葡萄牙	葡萄牙	巴西	苏联	澳大利亚
9	1993	澳大利亚	巴西	加纳	英格兰	澳大利亚
10	1995	卡塔尔	阿根廷	巴西	葡萄牙	西班牙
11	1997	马来西亚	阿根廷	乌拉圭	爱尔兰	加纳
12	1999	尼日利亚	西班牙	日本	马里	乌拉圭
13	2001	阿根廷	阿根廷	加纳	埃及	巴拉圭
14	2003	阿联酋	巴西	西班牙	哥伦比亚	阿根廷
15	2005	荷兰	阿根廷	尼日利亚	巴西	摩洛哥

注：1977年和1979年为非正式比赛。

三、中国队参加历届世界青年足球锦标赛决赛阶段比赛回顾

（一）参加1983年墨西哥世界青年足球锦标赛决赛阶段比赛

当时，中国队主教练是高丰文，主要参赛队员为傅玉斌、贾秀全、郭亿军、麦超、山春季、胡一俊、陈方平、朱平、王军、段举、柳海光、李华筠、李勇等。中国队是以亚洲青年足球锦标赛的亚军晋级的，在决赛阶段小组赛中，以0∶5、2∶3负于阿根廷和捷克斯洛伐克，以3∶0战胜奥地利，没有进入下一阶段比赛。

（二）参加 1985 年苏联世界青年足球锦标赛决赛阶段比赛

当时，中国队主教练是张志诚，主要参赛队员为李建栋、鞠李瑾、李红兵、董玉刚、宫磊、傅博、高洪波、张焱、宋连勇、尤可为、高仲勋、杨为健等。中国队是以亚洲青年足球锦标赛的冠军晋级的，在决赛阶段小组赛中，以 2∶0、2∶1 战胜英格兰和巴拉圭，并以 1∶3负于墨西哥，进入八强赛。在 1/4 比赛中，中国队以 0∶1 负于苏联队。

（三）参加 1997 年马来西亚世界青年足球锦标赛决赛阶段比赛

当时，中国队主教练是朱广沪，参赛队员为李蕾蕾、郝伟、李玮峰、张然、郑焱、李铁、张效瑞、黄勇、隋东亮、李金羽、刘林、李健、郑斌、孙治、常卫巍、姚立、王鹏。中国队是以亚洲青年足球锦标赛的亚军晋级的，在决赛阶段小组赛中，以 0∶1 负于美国，以 1∶1 战平加纳和爱尔兰，没有进入下一轮比赛。

（四）参加 2001 年阿根廷世界青年足球锦标赛决赛阶段比赛

当时，中国队主教练是沈祥福，参赛队员为安琦、杨君、宗垒、杜威、张耀坤、徐亮、周麟、曲波、高明、胡兆军、王圣、马义、隋勇、孙吉、孙祥、曹阳、王新欣、陆锋、于涛、阎嵩。中国队是以亚洲青年足球锦标赛的季军晋级的，在决赛阶段小组赛中，以 1∶0 战胜美国、0∶0 平乌克兰、0∶1 负于智利，进入十六强。在 1/8 比赛中，中国队以 1∶2 负于阿根廷队。

（五）参加 2005 年荷兰世界青年足球锦标赛决赛阶段比赛

当时，中国队主教练是克劳琛，参赛队员为朱挺、赵铭、周海滨、杨程、郜林、邹游、于子千、王洪亮、冯潇霆、谭望嵩、陈涛、崔鹏、苑维伟、蒿俊闵、张磊、刘宇、董方卓、郑涛、卢琳、毛彪、赵旭日。中国队是以亚洲青年足球锦标赛的亚军晋级的，在决赛阶段小组赛中，分别以 2∶1、3∶2、4∶1 战胜土耳其、乌克兰、巴拿马，进入十六强。在 1/8 比赛中，中国队以 2∶3 负于德国。

第四节 世界女子足球锦标赛

一、世界女子足球锦标赛简介

在1986年墨西哥城召开的国际足联第四十五次代表大会上，挪威足协的代表——艾伦·威尔向国际足联积极建议发展女子足球运动，当时国际足联主席阿维兰热作为大会主持，不仅完全同意她的意见，而且还向她保证，自己本人一定会支持女足运动的发展。

在这样的背景下，一些女足运动的先驱国家开始大张旗鼓地行动起来，人们都在期待一项世界性赛事的出现，它将为独具魅力的女子足球提供一个展示自己的舞台。1988年6月，在中国广东省举行了有12个国家参加的国际女子足球邀请赛，这次比赛成为世界性大赛的一块试验田，高水平的比赛和球迷抢购球票的盛况使国际足联及其特别委员会都相信自己走对了方向，也令世界杯的赞助商们对女子足球渐渐有了兴趣。

在中国足协、美国足协及欧洲足协的鼓励支持下，当时任国际足联主席的阿维兰热决定举办女足世界杯赛，于是第一届世界女足锦标赛诞生了。中国于1991年11月16日至30日承办了该项赛事，首届锦标赛有12支参赛队伍，众多热情的观众亲临赛场为女足加油助威，在中国政府、足协以及足球界的大力支持下，首届世界女足锦标赛取得了圆满成功。

二、历届世界女子足球锦标赛比赛成绩

表 7-6　历届世界女子足球锦标赛成绩一览表

届次	年份	举办国	冠军	亚军	季军	殿军
1	1991	中国	美国	挪威	瑞典	德国
2	1995	瑞典	挪威	德国	美国	中国
3	1999	美国	美国	中国	巴西	挪威
4	2003	美国	德国	瑞典	美国	加拿大

三、中国女子国家队参加历届世界女子足球锦标赛回顾

（一）参加 1991 年第一届世界女子足球锦标赛

当时，中国女子国家队的主教练是商瑞华，教练员是蔺新江、李必，参赛队员为钟红莲、陈霞、马莉、李秀馥、周阳、水庆霞、吴伟英、周华、孙雯、刘爱玲、孙庆梅、温莉蓉、牛丽杰、张岩、韦海英、张红红、朱涛、李飒。

中国在小组赛中分在 A 组，先后以 4∶0 大胜挪威，2∶2 平丹麦，4∶1 胜新西兰，以小组第一的身份昂首进入八强。在 1/4 比赛中，中国以 0∶1 负于瑞典从而失去进入半决赛的资格。

（二）参加 1995 年第二届世界女子足球锦标赛

当时，中国女子国家队的主教练是马元安，教练是李必、李锡财，参赛队员为钟红莲、周阳、周华、于红旗、孙庆梅、王丽萍、李影、孙雯、水庆霞、谢慧琳、刘爱玲、高红、温莉蓉、陈玉凤、韦海英、赵丽红、施桂红、牛丽杰、范运杰、满艳玲。

中国队分在 C 组，在小组赛中，首战以 3∶3 战平美国队，之后分别以 4∶2、3∶1 战胜澳大利亚和丹麦队，以小组第二名进入八强。在 1/4 比赛中，中国队与瑞典队战成 1∶1。在点球决胜中，中国队获胜进入半决赛。在半决赛中，以 0∶1 负于德国队，失去参加决赛资格，并以 0∶2 负于美国队，获得第四名。

（三）参加 1999 年第三届世界女子足球锦标赛

当时，中国女子国家队的主教练是马元安，教练是李必、严中铿，参赛队员为韩文霞、王丽萍、范运杰、满艳玲、谢慧琳、赵利红、张鸥影、金嫣、孙雯、刘爱玲、浦玮、温莉蓉、刘英、白洁、邱海燕、樊春玲、朱静、高红、高宏霞、王静霞。

中国队被分在 D 组，在小组赛中，三场全胜，分别以 2∶1、7∶0、3∶1 战胜瑞典、加纳、澳大利亚进入八强。又以 2∶0 胜俄罗斯队进入半决赛，以 5∶0 胜挪威队进入决赛。在决赛中，美国队和中国队争夺十分激烈，但双方门将斯库里和高红发挥出色，最后比赛进入互射点球以决胜负，最后中国队4∶5不敌对手，获得亚军。

（四）参加 2003 年第四届世界女子足球锦标赛

当时，中国女子国家队的主教练是马良行，参赛队员为韩文霞、孙睿、李洁、高宏霞、范运杰、赵利红、白洁、张鸥影、孙雯、刘英、浦玮、曲飞飞、滕巍、毕妍、任丽萍、刘亚莉、潘丽娜、赵燕、韩端、王丽萍。

中国队被分在 D 组，在小组赛中，以两个 1∶0 战胜加纳和俄罗斯队，与澳大利亚 1∶1 战平，以小组第一进入八强。在 1/4 比赛中以 0∶1 负于加拿大队。

第五节　欧洲足球锦标赛——欧洲杯

一、欧洲足球锦标赛的诞生

1954 年 6 月 15 日，欧洲足联正式成立，并开始筹备欧洲的各种赛事。当时法国足协秘书长亨利·德劳内倡议筹办由欧洲各国国家队参加的比赛。1955 年他不幸去世后，他的儿子皮埃尔接替了有关工作。1957 年 2 月，皮埃尔等人成立了委员会，并向欧洲足联提交举办欧洲国家杯的比赛计划。当比赛计划公布以后，当时欧洲足联 33 个会员中只有 17 个报名参加，有许多国家认为比赛延续时间太长，没有报名参加比赛。这促使组织者重新调整比赛计划，缩短比赛时间。为了纪念亨利·德劳内对创办本项比赛作出的贡献，首届比赛定在法国举行。1958 年进行主客场淘汰的预选赛，四支队伍参加在法国进行的半决赛和决赛，并在 1960 年制造了欧洲国家杯奖杯（又称“亨利·德劳内杯”）。该杯由法国艺术家阿蒂斯·贝特朗设计，银质奖杯高 42 厘米，重 8000 克，当时价值 2 万多瑞士法郎。

直到 1968 年，欧洲国家杯更名为欧洲足球锦标赛，简称欧洲杯或欧锦赛。由于参加比赛的是欧洲各国的国家代表队，这使该项赛事不仅成为欧洲最高水平的比赛，也成为当今世界足球发展中仅次于世界杯的比赛，因此有“小世界杯”的美称。

二、欧洲足球锦标赛赛制的发展

在前五届比赛中，均采用淘汰赛，有 4 支队伍进入主办国进行半决赛和决赛（一场定胜负的淘汰赛）。第一届从首轮就开始进行主客场淘汰赛。第三届比赛 31 支队分成 8 个小组，进行主客场循环制预赛，每组第一名进入主客场淘汰赛，胜者参加在主办国的比赛。第四届开始允许起用替补球员参赛，第五届没有大的变化。

从第六届开始采用新的比赛方式，预选赛分为 7 个小组进行，小组第一名进入在主办国的决赛阶段比赛，东道主不需参加预选赛而直接进入决赛阶段比赛。这样，8 个队先分成两个小组进行单循环比赛，两个小组第一名争夺冠军，两个小组第二名争夺季军。

从第七届开始增加了半决赛，决赛阶段的小组前两名进行交叉淘汰，并取消季军争夺赛。

从1996年第十届比赛开始，由于苏联解体和东欧剧变，欧洲足联成员国增加到48个，欧洲足联决定将参加决赛阶段的球队增加到16支（预选赛分成8个小组，每小组的前两名参加决赛阶段比赛，其中一个小组的第二名被东道主占有），先分成4个小组进行单循环赛，每小组前两名进入1/4决赛，在加时赛中实行“金球制胜法”（也是常说的“突然死亡法”），采用胜一场得3分的积分制度。

2000年的第十一届比赛赛制有新的变化，该届比赛由荷兰和比利时两个国家联合举办，两队直接进入决赛阶段的比赛，另外14个名额来自预选赛。在预选赛中分成9个小组，每个小组的第一名和最好的一个第二名直接晋级决赛阶段的比赛，其余8个小组的第二名参加附加赛，决出4支球队晋级决赛阶段的比赛。

2003年2月12日，欧洲足联宣布从2004年葡萄牙第十二届欧锦赛起，决赛阶段的淘汰赛将引入“银球制”以取代“金球制胜法”。在2004年的预选赛中，将50支队伍分成10个小组，每个小组第一名直接晋级决赛阶段的比赛，10个小组的第二名经过抽签进行主客场淘汰赛，决出5个队晋级决赛阶段的比赛，另外一个名额由东道主葡萄牙队获得。

三、历届欧洲足球锦标赛的冠军之路

1960年第一届：苏联。1958年9月29日，在莫斯科列宁体育场举行了首场比赛，苏联队主场以3∶1击败匈牙利队，伊林打入历史性的首个入球。而在两队的第二回合比赛中，苏联队客场1∶0再胜，以总比分4∶1淘汰对手。在1/4比赛中，苏联与西班牙两队对阵，由于西班牙佛朗哥政府勒令西班牙队退出比赛，结果苏联队不战而胜，进入半决赛。在半决赛中，苏联队以3∶0大胜捷克斯洛伐克队。在1960年7月10日的冠亚军决赛中,苏联队以2:1击败南斯拉夫队,从而夺得首届欧锦赛冠军。

1964年第二届:西班牙。在1/8比赛中,西班牙队以1:1、1:0的总比分2:1战胜北爱尔兰队;在1/4比赛中,西班牙队以5:1、2:0的总比分7:1淘汰了爱尔兰队;在半决赛中,西班牙队以2:1战胜匈牙利队。在1964年6月24日西班牙队与苏联队的决赛中,西班牙队以2:1战胜苏联队而获得冠军。

1968年第三届:意大利。在小组赛中,意大利队在第六小组,先后战胜罗马尼亚、瑞士、塞浦路斯进入下一阶段比赛;在1/4比赛中,意大利以2:0、2:3的总比分4:3淘汰保加利亚队;在半决赛中,意大利与苏联队战成0:0,由于当时还没有点球决胜的规则,意大利队幸运地依靠掷硬币获得了参加决赛的资格;在6月8日与南斯拉夫队的决赛中,双方以1:1战平,不得不进行一场附加赛。在6月10日进行的附加赛中,意大利队以2:0战胜南斯拉夫队而获得冠军。

1972年第四届:联邦德国。在小组赛中,联邦德国队在第七小组,战胜了波兰、阿尔巴尼亚和土耳其队;在1/4比赛中,联邦德国队以3:1、0:0的总比分3:1淘汰英格兰队;在半决赛中,联邦德国队以2:1战胜比利时队。在6月18日的决赛中,联邦德国队以3:0战胜苏联队而获得冠军。

1976年第五届:捷克斯洛伐克。在小组赛中,捷克斯洛伐克分在第一小组,胜英格兰、葡萄牙和塞浦路斯而获得出线资格;在1/4比赛中,捷克斯洛伐克以2:0、2:2的总比分4:2淘汰苏联;在半决赛中,捷克斯洛伐克以3:1(加时赛)战胜荷兰;在6月20日与联邦德国的决赛中,双方先以2:2战平,经过加时赛双方都没有进球,最后进行点球大战,捷克斯洛伐克以5:3获得胜利,从而登上冠军宝座。

1980年第六届:联邦德国。在小组赛中,联邦德国在第七小组,胜了威尔士、马耳他和土耳其而获得出线资格;在决赛阶段的小组赛中,联邦德国分在第一小组,以1:0胜捷克斯洛伐克、3:2胜荷兰、0:0平希腊,积5分获得小组第一名,并获得与第二小组第一名的比利时争夺冠军的资格。在6月22日的决赛中,联邦德国以2:1战胜比利时而获得冠军。

1984年第七届:法国。法国由于是主办国,直接进入决赛阶段的比赛,在分组赛中分在第一小组,分别以1:0、5:0、3:2战胜丹麦、比利时和南斯拉夫,获得小组第一名,与第二小组第二名的葡萄牙争夺进入决赛的名额。在半决赛中,法国以3:2战胜葡萄牙。在6月27日的决赛中,法国队以2:0战胜西班牙而获得冠军。

1988年第八届:荷兰。在决赛阶段的比赛中,荷兰分在第二小组,以1:0胜爱尔兰、3:1胜英格兰、0:1负于苏联,积4分获得小组第二名;在半决赛中,与第一小组的第一名联邦德国进行比赛,荷兰以2:1战胜联邦德国挺进决赛。在6月25日的冠亚军决赛中,荷兰队以2:0战胜苏联队而获得冠军。

1992年第九届:丹麦。由于波黑战争,南斯拉夫被联合国制裁而失去了参赛资格,丹麦顶替南斯拉夫获得参加决赛阶段比赛的资格,并创造了从童话王国来的丹麦神话。在分组赛中,丹麦分在第一小组,以2:1战胜法国、0:0战平英格兰、0:1负于瑞典,积3分获得第一小组的第二名;在半决赛中,与荷兰战成2:2平,在点球大战中丹麦胜出,获得与联邦德国争夺冠军的资格。在6与26日争夺冠军的比赛中,丹麦以2:0战胜联邦德国而获得冠军。

1996年第十届:德国。在预选赛中,德国分在第七小组,以九胜一平保持不败战绩与保加利亚获得该组的两个出线名额。在决赛阶段的比赛中,分在第三小组,以2:0胜捷克、3:0胜俄罗斯、0:0战平意大利,积7分获得第三小组第一名,与捷克一起进入

1/4 比赛。在 1/4 比赛中，以 2∶1 战胜克罗地亚。在半决赛中，德国与英格兰先战成 1∶1 平，在点球大战中，德国以 6∶5 胜出。在 6 月 30 日与捷克争夺冠军的比赛中，双方在 90 分钟内战成 1∶1平，在加时赛中采用“突然死亡法”，德国队凭借比埃尔霍夫在第 95 分钟的一个金球获胜。

2000 年第十一届：法国。在预选赛中，法国队分在第四小组，以积 21 分（六胜三平一负）、小组第一名的成绩直接晋级决赛阶段的比赛。在决赛阶段比赛中，法国队分在 D 组（第四小组），以 3∶0胜丹麦、2∶1 胜捷克、2∶3 负于荷兰，积 6 分获得小组第二名，与荷兰一起进入 1/4 比赛；在 1/4 比赛中，以 2∶1 战胜西班牙；在半决赛中，以 2∶1 战胜葡萄牙。在 7 月 3 日与意大利争夺冠军的决赛中，使双方在 90 分钟内战成 1∶1，进入加时赛；在加时赛中，法国的特雷择盖在第 103 分钟的一个金球使法国队以 2∶1战胜意大利而获得冠军。

2004 年第十二届：希腊。在预选赛中，希腊分在第六小组，以积 18 分、小组第一名的成绩直接进入决赛阶段比赛。在决赛阶段比赛的小组赛中，希腊分在 A 组，以 2∶1 胜葡萄牙、1∶1 平西班牙、1∶2 负于俄罗斯，积 4 分与西班牙积分相等，净胜球也一样，但希腊的进球数是 4 个，比西班牙多 2 个，这样希腊获得了 A 组的第二名，与葡萄牙一起进入 1/4 比赛。在 1/4 比赛中，希腊以1∶0 胜法国；在半决赛中，以 1∶0 胜捷克。在 7 月 5 日的决赛中，希腊以 1∶0 战胜葡萄牙而获得冠军。

四、历届欧洲足球锦标赛的成绩

表 7-7　历届欧洲足球锦标赛前四名成绩一览表

届次	年份	举办国家	冠军	亚军	季军	殿军
1	1960	法国	苏联	南斯拉夫	捷克斯洛伐克	法国
2	1964	西班牙	西班牙	苏联	匈牙利	丹麦
3	1968	意大利	意大利	南斯拉夫	英格兰	苏联
4	1972	比利时	联邦德国	苏联	比利时	匈牙利
5	1976	南斯拉夫	捷克斯洛伐克	联邦德国	荷兰	南斯拉夫
6	1980	意大利	联邦德国	比利时	捷克斯洛伐克	意大利
7	1984	法国	法国	西班牙	丹麦	葡萄牙
8	1988	德国	荷兰	苏联	联邦德国	意大利
9	1992	瑞典	丹麦	联邦德国	荷兰	瑞典
10	1996	英格兰	德国	捷克	英格兰	法国
11	2000	荷兰、比利时	法国	意大利	荷兰	葡萄牙
12	2004	葡萄牙	希腊	葡萄牙	捷克	荷兰

第六节　联合会杯足球赛

一、联合会杯的诞生

联合会杯足球赛的前身为洲际杯足球赛。根据有关资料，最早提议举办这项赛事的是沙特国王法赫德，他希望把世界各地区最优秀的国家队请到沙特阿拉伯来比赛。在沙特足协的努力下，经过 1991 年亚洲、非洲、南美和北美加勒比地区足联的共同提议，而在 1992 年 10 月于沙特正式开始首届比赛。由于参加该赛事的队伍来自各大洲，人们更习惯将这项赛事称为洲际杯，当时对“洲际杯”的解释是欧洲以外的四大洲冠军赛。另外，由于最初提出举办该赛事的是沙特国王法赫德，所以该赛事又称为“法赫德国王杯”。

在首届比赛上，决定该赛事每两年举行一次。由于1994年的赛事与当年的世界杯冲突，而改在1995年进行第二届比赛，以后每两年举行一次。1997年12月，该赛事被纳入国际足联的正式赛事，并更名为“联合会杯”，参赛队为东道主国家足球队和上个赛季各大洲足球锦标赛、杯赛的冠军队和世界冠军队。

联合会杯奖杯顶端是一个地球标志，象征六大洲，赛名则刻在螺旋带上；奖杯的底座是六边形的木制基台，镶金边的装饰片上刻有冠军队的队名；基座上的两道天青石环上镶有洲际杯标志。

二、历届联合会杯比赛的冠军之路

1992年第一届：阿根廷。本届比赛于1992年10月在沙特举行，除了东道主沙特队，还有1991年美洲杯冠军阿根廷队、1991年中北美洲及加勒比地区金杯赛冠军美国队、1992年非洲杯冠军科特迪瓦队。比赛直接举行淘汰赛，在10月16日的比赛中，阿根廷以4：0胜科特迪瓦，沙特以3：0胜美国；在10月19日的比赛中，美国以5：2胜科特迪瓦获得第三名，阿根廷以3：1战胜沙特而获得冠军，并获得冠军奖金150万美元。

1995年第二届：丹麦。本届比赛于1995年1月在沙特的利雅得举行，除了东道主外，还有5个队参加，包括1993年美洲杯冠军阿根廷、1994年非洲杯冠军尼日利亚、1992年欧洲杯冠军丹麦、1993年中北美洲及加勒比地区金杯赛冠军墨西哥、1992年亚洲杯冠军日本。比赛分为两个阶段，第一阶段从1月6日至10日分两个小组进行循环赛。丹麦队分在A组，以2：0胜沙特、1：1平墨西哥，与墨西哥积分、净胜球、进球数都一样，双方通过罚点球决定小组第一名，丹麦队以2：1获胜。在1月13日第二阶段的排名赛中,两个小组第二名争夺季军,结果墨西哥以1∶1平尼日利亚,点球中以5∶4胜出,获得季军;两个小组的第一名争夺冠军,丹麦队以2∶0战胜阿根廷夺冠,并获得170万美元奖金。

1997年第三届:巴西。1997年,国际足联正式接手该赛事,并将其更名为“联合会杯”,但比赛地点仍在沙特的利雅得(故在许多报道中,将本届比赛视为第一届联合会杯比赛)。比赛从12月12日至21日进行,参加比赛的8个队为:A组有巴西、澳大利亚、墨西哥、沙特;B组有乌拉圭、捷克、南非、阿联酋。在小组比赛中,巴西队以3∶0、3∶2战胜沙特和墨西哥,与澳大利亚战成0∶0,积7分获得A组第一名,而澳大利亚以3∶1战胜墨西哥、0∶1负于沙特,积4分获得A组第二名;乌拉圭队以2∶0、2∶1、4∶3分别战胜阿联酋、捷克、南非,积9分获得B组第一名,而捷克以6∶1战胜阿联酋、2∶2战平南非,积4分获得B组第二名。在12月19日的半决赛中,巴西以2∶0战胜捷克,澳大利亚以1∶0战胜乌拉圭。在12月21日的比赛中,捷克以1∶0战胜乌拉圭而获得季军,巴西队以6∶0战胜澳大利亚而获得冠军,而巴西队的罗马里奥以7个进球获得“最佳射手”称号。

1999年第四届:墨西哥。该项赛事开始轮流在各大洲举办,由于得不到各参赛国的重视,联合会杯开始变得举步维艰,巴西和德国两队也没有派出最强阵容,联合会杯的诱惑力开始下降,加上失去了沙特强大的资金支持,本届联合会杯曾两度改期,最后推迟到7月24日至8月4日举行。参加比赛的队伍分为两个组,A组有墨西哥、沙特、玻利维亚、埃及,B组有巴西、美国、德国、新西兰。在小组比赛中,墨西哥以5∶1、1∶0战胜沙特和玻利维亚,与埃及战成2∶2平,积7分获得A组第一名,而沙特以5∶1战胜埃及、0∶0战平玻利维亚,积4分获得A组第二名;巴西以4∶0、1∶0、2∶0分别战胜德国、美国和新西兰,积9分获得B组第一名,而美国队以2∶0、2∶1战胜德国和新西兰,积6分获得B组第二名。

在8月1日的半决赛中,巴西以8∶2战胜沙特;墨西哥凭借加时赛的进球,以1∶0战胜美国队。在8月3日的季军争夺赛中,美国队以2∶0战胜沙特而获得季军。在8月4日的冠军争夺赛中,墨西哥以4∶3战胜巴西而获得冠军。巴西的罗纳尔迪尼奥获得金靴奖和金球奖,巴西队还获得公平竞赛奖。

2001年第五届:法国。本届比赛于2001年5月30日至6月10日由韩日共同举办,为次年的世界杯做预演。8个队为来自六大洲的冠军球队、上届杯赛冠军墨西哥队以及东道主韩国队。在韩国比赛的A组(韩国赛区)有法国、澳大利亚、墨西哥、韩国,而在日本比赛的B组(日本赛区)有巴西、喀麦隆、加拿大、日本。在小组赛中,法国以5∶0、4∶0战胜韩国和墨西哥,以0∶1负于澳大利亚;而澳大利亚以2∶0战胜墨西哥,以0∶1负于韩国,这样法国与澳大利亚同积6分,但法国以8个净胜球比澳大利亚多6个而获得韩国赛区的A组第一名,澳大利亚获得A组第二名。日本队以3∶0、2∶0战胜加拿大和喀麦隆,与巴西战成0∶0,获得B组第一名;而巴西以2∶0战胜喀麦隆、0∶0平加拿大,获得B组第二名。在6月7日的半决赛中,日本以1∶0战胜澳大利亚,法国以2∶1战胜巴西。在6月9日的季军争夺赛中,澳大利亚以1∶0战胜巴西而获得季军。在6月10日的决赛中,法国以1∶0战胜日本获得冠军,并获得225万美元的奖金。

2003年第六届:法国。本届比赛于6月18日至29日在法国举行,参加比赛的8个队为:A组有法国、哥伦比亚、日本、新西兰;B组有喀麦隆、土耳其、巴西、美国。在小组赛中,法国分别以1∶0、2∶1、5∶0战胜哥伦比亚、日本、新西兰而获得A组第一名;哥伦比亚分别以1∶0、3∶1战胜日本、新西兰,以0∶1负于法国,获得A组第二名;喀麦隆以两个1∶0分别战胜巴西和土耳其,并以0∶0战平美国,获得B组第一名;土耳其与巴西同积4分、净胜球都是零,但土耳其的进球是4个,比巴西多1个,这样土耳其获得了B组第二名。在6月26日的半决赛中,喀麦隆以1:0战胜哥伦比亚,法国以3:2战胜土耳其。在6月28日的季军争夺赛中,土耳其以2:1战胜哥伦比亚而获得季军。在6月29日的冠军争夺赛中,90分钟内法国与喀麦隆战成0:0;在加时赛中,法国队以一个金球获得冠军。法国队的亨利被评为最佳球员,并以4个进球荣获"最佳射手"称号。

2005年第七届:巴西。本届比赛于6月15日至29日在德国举行,参加比赛的8个队为:A组有德国、阿根廷、突尼斯、澳大利亚;B组有墨西哥、巴西、日本、希腊。在A组小组赛中,德国与阿根廷都是三战两胜一平(两者2:2平),德国以4个净胜球比阿根廷多1个排在小组首位。在B组小组赛中,巴西以3:0胜希腊、2:2平日本、0:1负于墨西哥,与日本同积4分,但巴西净胜球比日本多两个而获得小组第二名;墨西哥以2:1胜日本、1:0胜巴西、0:0平希腊,获得小组第一名。在6月25日的半决赛中,巴西队以3:2战胜德国;在6月26日的半决赛中,阿根廷与墨西哥战成1:1,在点球中,阿根廷以6:5战胜墨西哥。在6月29日的比赛中,德国以4:3战胜墨西哥获得季军,巴西以4:1战胜阿根廷获得冠军。

在本届联合会杯赛中,除了参赛球队格外重视、奖金大幅提高外,还就干扰比赛、干扰对方球员、从越位位置获得利益等方面出台了详细的判罚标准,启用的新规则也在一定程度上起到了鼓励进攻、增强观赏性的作用。此外,巴西的阿德里亚诺被评为最佳球员,并以5个进球荣获"最佳射手"称号。

三、历届联合会杯的成绩

表 7-8 历届联合会杯前四名成绩一览表

届次	年份	举办国家	冠军	亚军	季军	殿军
1	1992	沙特	阿根廷	沙特	美国	科特迪瓦
2	1995	沙特	丹麦	阿根廷	墨西哥	尼日利亚
3	1997	沙特	巴西	澳大利亚	捷克	乌拉圭
4	1999	墨西哥	墨西哥	巴西	美国	沙特
5	2001	韩国、日本	法国	日本	澳大利亚	巴西
6	2003	法国	法国	喀麦隆	土耳其	哥伦比亚
7	2005	德国	巴西	阿根廷	德国	墨西哥

第七节 南美洲足球锦标赛——美洲杯

一、南美洲足球锦标赛简介

1916 年，为了庆贺阿根廷独立 100 周年，阿根廷足协邀请智利、乌拉圭和巴西举行了四国友谊赛。在比赛期间，四国足协的代表在阿根廷首都布宜诺斯艾利斯成立了南美洲足球联合会，拉开了南美洲足球锦标赛的序幕。但人们一般认为 1916 年的比赛是非正式比赛，1917 年才是正式比赛，因为这届杯赛中对冠军队正式颁发了“美洲杯”。

1928 年，由于乌拉圭和阿根廷要参加在荷兰阿姆斯特丹举行的奥运会，使美洲杯赛推迟两年举行。30 年代初期，由于巴拉圭与波利维亚之间发生战争，美洲杯停赛。在 1975 年、1979 年和 1983 年的三届美洲杯比赛中，没有在固定的场地进行赛会制的比赛，比赛全部通过主客场循环赛来决定名次。虽然受到经济、战争、地理环境等各方面的影响，南美洲足球锦标赛的知名度、影响力等均受到限制，但它是世界上第一个洲级锦标赛，为世界足球运动的发展作出了重要贡献。

美洲杯的参赛队基本由南美的10支球队组成。自1993年起，美洲杯每届邀请两支外来球队参赛，墨西哥、美国、日本、韩国、洪都拉斯、哥斯达黎加、西班牙、葡萄牙均受邀出现在美洲杯赛场上。

二、历届南美洲足球锦标赛的成绩

表7-9　历届南美洲足球锦标赛的前四名成绩一览表

时间	冠军	亚军	季军	殿军
1917	乌拉圭	阿根廷	巴西	智利
1919	巴西	乌拉圭	阿根廷	智利
1920	乌拉圭	阿根廷	巴西	智利
1921	阿根廷	巴西	乌拉圭	巴拉圭
1922	巴西	巴拉圭	乌拉圭	阿根廷
1923	乌拉圭	阿根廷	巴拉圭	巴西
1924	乌拉圭	阿根廷	巴拉圭	智利
1925	阿根廷	巴西	巴拉圭	
1926	乌拉圭	阿根廷	智利	巴拉圭
1927	阿根廷	乌拉圭	秘鲁	玻利维亚
1929	阿根廷	巴拉圭	乌拉圭	秘鲁
1936	阿根廷	巴西	巴拉圭	乌拉圭
1939	秘鲁	乌拉圭	巴拉圭	智利
1942	乌拉圭	阿根廷	巴西	巴拉圭
1947	阿根廷	巴拉圭	乌拉圭	智利
1949	巴西	巴拉圭	秘鲁	玻利维亚
1953	巴拉圭	巴西	乌拉圭	智利
1955	阿根廷	智利	秘鲁	乌拉圭

续表

时间	冠军	亚军	季军	殿军
1957	阿根廷	巴西	秘鲁	乌拉圭
1959	阿根廷	巴西	巴拉圭	智利
1963	玻利维亚	巴拉圭	阿根廷	巴西
1967	乌拉圭	阿根廷	智利	巴拉圭
1975	秘鲁	哥伦比亚	巴西	乌拉圭
1979	巴拉圭	智利	巴西	秘鲁
1983	乌拉圭	巴西	巴拉圭	秘鲁
1987	乌拉圭	智利	哥伦比亚	阿根廷
1989	巴西	乌拉圭	阿根廷	巴拉圭
1991	阿根廷	巴西	智利	哥伦比亚
1993	阿根廷	墨西哥	哥伦比亚	厄瓜多尔
1995	乌拉圭	巴西	哥伦比亚	美国
1997	巴西	玻利维亚	墨西哥	秘鲁
1999	巴西	乌拉圭	墨西哥	智利
2001	哥伦比亚	墨西哥	洪都拉斯	乌拉圭
2004	巴西	阿根廷	乌拉圭	哥伦比亚

第八节 亚洲足球锦标赛——亚洲杯

一、亚洲男子足球锦标赛简介

亚洲足球锦标赛创办于1956年，简称亚洲杯足球赛，由亚洲各国及地区代表队参赛，是亚洲足球最高水平的较量。亚洲足球整体水平虽然远不及欧洲，但就举办亚洲杯的历史来讲却比欧洲杯早了整整四年。该项赛事每四年举办一次，分预赛和决赛两个阶段。1956年，首届亚洲杯足球赛在香港举行，当时亚洲足球运动的开展还很不普及，只有7支球队报名参赛，但此赛拉开了亚洲杯足球赛的帷幕。

二、亚洲男子足球锦标赛的赛制发展

前四届的亚洲足球锦标赛的预赛一般分为3个小组进行，小组赛出线的球队参加在主办国进行的决赛阶段比赛，按单循环赛制进行比赛，按积分多少决定名次。前三届是4个队进入决赛阶段比赛，第四届有5个队进入决赛阶段比赛。

在1972年的第五届杯赛上，曼谷决战采用了新赛制，参加决赛阶段比赛的6支球队分为两个小组，先进行单循环赛，每组的前两名进入半决赛，半决赛的胜者争夺冠军，负者争夺第三名。

从第七届到第十届杯赛(1980—1992年)，采用10支球队参加决赛阶段比赛的赛制。1996年第十一届亚洲杯赛进入决赛阶段的球队增加到12支，分3个小组进行分组赛，每组的前两名及小组赛中成绩最好的两个第三名晋级八强，参加1/4淘汰赛，再决出前三名。

2004年的第十三届杯赛上，进入决赛阶段的球队增加到16支，分4个小组进行分组赛，每组的前两名晋级八强，参加1/4淘汰赛，直至决出冠亚军。

三、历届亚洲杯男子足球赛举办国(地区)以及四强成绩

表7-10　历届亚洲杯举办国(地区)以及四强成绩一览表

届次	时间	举办国(地区)	冠军	亚军	季军	殿军
1	1956	中国香港	韩国	以色列	中国香港	越南
2	1960	韩国	韩国	以色列	中国台北	越南
3	1964	以色列	以色列	印度	韩国	中国香港
4	1968	伊朗	伊朗	缅甸	以色列	中国台北
5	1972	泰国	伊朗	韩国	泰国	柬埔寨

续表

届次	时间	举办国(地区)	冠军	亚军	季军	殿军
6	1976	伊朗	伊朗	科威特	中国	伊拉克
7	1980	科威特	科威特	韩国	伊朗	朝鲜
8	1984	新加坡	沙特阿拉伯	中国	科威特	伊朗
9	1988	卡塔尔	沙特阿拉伯	韩国	伊朗	中国
10	1992	日本	日本	沙特阿拉伯	中国	阿联酋
11	1996	阿联酋	沙特阿拉伯	阿联酋	伊朗	科威特
12	2000	黎巴嫩	日本	沙特阿拉伯	韩国	中国
13	2004	中国	日本	中国	伊朗	巴林

四、中国男子国家队参加历届亚洲杯赛情况

(一) 首次参加亚洲杯赛

中国队首次参加该赛事是1976年的第六届亚洲杯赛,虽然当时中国还没有恢复在国际足联的合法席位,但已经得到亚足联认可,得以首次出现在亚洲杯赛场上。第六届亚洲杯中国队主帅是年维泗。决赛阶段的首场比赛,中国队同马来西亚队战成1∶1,这一结果在当时已经是巨大的突破。在第二场比赛中,中国队0∶2负于科威特队,虽然在小组赛中没有获胜,但还是挤掉马来西亚获得小组出线权。在半决赛中,中国队和东道主伊朗队在90分钟内战成0∶0,但在加时赛中以0∶2负于对手。在争夺第三名的比赛中,中国队以1∶0战胜了伊拉克队,首次参加就获得了亚洲杯第三名的成绩。

(二) 参加1980年第七届亚洲杯赛

这是中国队第二次参加该项赛事。中国队主帅是苏永舜。由于赛前队伍变化较大,人员重组刚刚完成,首场比赛中国队和伊朗队踢成了2∶2,第二场以1∶2败在了朝鲜队脚下,关键的第三场比赛0∶1败给了叙利亚,最后一场比赛以6∶0狂胜孟加拉队,但

只获得小组第四,失去了半决赛权,最终只获得了第七名。

(三) 1984 年参加第八届亚洲杯赛

当时,中国队主帅是曾雪麟。决赛阶段,中国队首战以 0∶2 负于伊朗队,第二场以 5∶0 狂扫阿联酋队,接着以 2∶0 胜新加坡、3∶0 胜印度,最终以小组第二名打进半决赛,并以 1∶0 战胜科威特队闯进了决赛。在决赛中,中国队与沙特队相遇,由于经验不足,没能把握住机会,结果以 0∶2 负于沙特队,痛失冠军。这是中国队参加亚洲杯以来的最好成绩,贾秀全还获得了杯赛的“最佳射手”称号。

(四) 1988 年参加第九届亚洲杯赛

当时,中国队主帅是高丰文,他执掌国家队的四年,正是中国足球史上处于转折的重要关头。中国队一路过关斩将,3∶0 胜叙利亚、1∶0 胜巴林、2∶2 平科威特、0∶1 负沙特,获得小组第二名;在半决赛中,因为裁判因素,中国队以 1∶2 输给了韩国队;在争夺三、四名的比赛中,中国队与伊朗队打成 0∶0,在点球决战中以 0∶3 失利,最终名列第四。

(五) 1992 年参加第十届亚洲杯赛

当时,中国队主帅是施拉普纳,他是中国国家队首位外籍教练,给中国足球带来了科学的训练方法和手段,但其执教的中国队防守偏弱。中国队在决赛阶段的小组赛成绩为:1∶1 战平泰国队、2∶1 战胜卡塔尔队;在半决赛中,1∶2 负于日本队;在争夺第三名的比赛中,同阿联酋队在 90 分钟内打成 1∶1,在互罚点球的决战中以 4∶3 取胜。

(六) 1996 年参加第十一届亚洲杯赛

当时,中国队主帅是戚务生。中国队在决赛阶段的小组赛成绩为:0∶2 负于乌兹别克斯坦队、3∶0 战胜叙利亚、0∶1 负于日本队,中国队凭借净胜球优势幸运出线。在 1/4 决赛中,中国队打了 16 分钟的好球,并以 2∶0 领先,随后却被对手攻进四球,最终以3∶4失利。

(七) 2000年参加第十二届亚洲杯赛

当时,中国队主帅是米卢。中国队在米卢的率领下,实现了赛前定下的进四强的目标。中国队在决赛阶段的小组赛成绩为:2∶2战平韩国、4∶0胜印尼、0∶0战平科威特,顺利地获得了小组出线权。在1/4决赛中,以3∶1胜卡塔尔,如愿以偿进入四强。在半决赛中,以2∶3负于日本,在三、四名决赛中,以0∶1不敌韩国队,最终名列第四。

(八) 2004年参加第十三届亚洲杯赛

当时,中国队主帅是阿里·汉。中国队在决赛阶段的小组赛成绩为:2∶2战平巴林、1∶0胜卡塔尔、5∶0胜印尼,以小组第一晋级八强。在1/4决赛中,以3∶0战胜伊拉克,如愿以偿进入四强。在1/2决赛中,以1∶1战平伊拉克(在罚点球中以4∶3获胜),进入冠亚军决赛,最后以1∶3输给日本,获得亚军。

表7-11 中国队参加历届亚洲杯赛成绩以及主教练一览表

届次	时间	举办国家	中国队战绩	主教练
第六届	1976	伊朗	第三名	年维泗
第七届	1980	科威特	第七名	苏永舜
第八届	1984	新加坡	第二名	曾雪麟
第九届	1988	卡塔尔	第四名	高丰文
第十届	1992	日本	第三名	施拉普纳(德国)
第十一届	1996	阿联酋	第五名	戚务生
第十二届	2000	黎巴嫩	第四名	米卢(南斯拉夫)
第十三届	2004	中国	第二名	阿里·汉(荷兰)

五、亚洲女子足球锦标赛

(一) 亚洲女子足球锦标赛简介

亚洲女子足球锦标赛始于1975年,当时大洋洲的部分国家也参加了该项赛事。在前五届中，1975 年的第一届由新西兰女子国家队获得冠军，第二、三、四届由中国台北队获得冠军，1983 年在泰国举行第五届由泰国女子国家队获得冠军。中国女子足球队首次参加该项比赛是在香港举行的第六届亚洲女子足球锦标赛，自参赛以来中国女子足球队都进入半决赛，获得了七次冠军、一次亚军和一次第三名。第十三、十四届由朝鲜女子国家队获得冠军。

我国台湾地区校园女子足球运动开展较早，1974 年由台中市大德国中及四育国中为主体组建的佩登斯女子足球队首度战胜当时女子足坛强队香港队，获得"万寿杯"冠军，震动了足坛。1975 年正式成立木兰女子足球队，刘润泽任教练。1977 年元月分别到泰国、新加坡、印尼、中国香港等地访问比赛，取得了八胜一平的优异成绩；1977 年 8 月参加第二届亚洲杯比赛夺得冠军。此后，又连续获得两届冠军。

表 7-12　历届亚洲杯女子足球赛四强成绩一览表

届次	时间	举办国(地区)	冠军	亚军	季军	殿军
1	1975	中国香港	新西兰	泰国	澳大利亚	新加坡
2	1977	中国台北	中国台北	泰国	新加坡	印度尼西亚
3	1979	印度	中国台北	印度	中国香港	澳大利亚
4	1981	中国香港	中国台北	泰国	印度	新加坡
5	1983	泰国	泰国	印度	新加坡	日本
6	1986	中国香港	中国	日本	泰国	印度尼西亚
7	1989	中国香港	中国	中国台北	日本	中国香港
8	1991	日本	中国	日本	中国台北	朝鲜
9	1993	马来西亚	中国	朝鲜	日本	中国台北
10	1995	马来西亚	中国	日本	韩国	中国台北
11	1997	中国	中国	朝鲜	日本	中国台北
12	1999	菲律宾	中国	中国台北	朝鲜	日本
13	2001	中国台北	朝鲜	日本	中国	韩国
14	2003	泰国	朝鲜	中国	韩国	日本

（二）中国女子国家队参加历届比赛情况

1. 参加第六届亚洲女子足球锦标赛

本届比赛于1986年12月14—23日在中国香港举行，当时中国队教练员是丛者余、李学浚，参赛队员为王丽丽、曹萍、钟红莲、李艳森、王斐、水庆霞、李秀馥、温莉蓉、赵梅、吴伟英、牛丽杰、孙庆梅、吕学勤、侯晓梅、张巍巍、姚建玲。在小组赛中，中国队分别以2∶0、10∶0胜日本和马来西亚。在半决赛中，以9∶0胜印度尼西亚。在决赛中，以2∶0胜日本获得冠军。

2. 参加第七届亚洲女子足球锦标赛

本届比赛于1989年12月18日—29日在中国香港举行，当时中国队教练员是商瑞华、蔺新江、李必，参赛队员为李秀馥、温莉蓉、马莉、刘爱玲、吴伟英、陈霞、韦海英、钟红莲、郑茂海、张岩、水庆霞、顾平娟、陆惠兰、牛丽杰、孙庆梅、高红。在小组赛中，中国队分别以1∶0、4∶1、3∶1战胜中国台北、朝鲜、泰国。在半决赛中，以7∶1战胜中国香港。在决赛中，以1∶0战胜中国台北获得冠军。

3. 参加第八届亚洲女子足球锦标赛

本届比赛于1991年5月28日—6月8日在日本福冈举行，当时中国队教练员是商瑞华、蔺新江、李必，参赛队员为钟红莲、李飒、陈霞、马莉、周扬、水庆霞、温莉蓉、唐坤媛、孙雯、周华、朱涛、刘爱玲、孙庆梅、张岩、牛丽杰、张红红。在小组赛中，中国队分别以10∶1、10∶0战胜泰国和韩国。在半决赛中，以1∶0战胜朝鲜。在决赛中，以5∶0战胜日本获得冠军。本届比赛同时是第一届国际足联女子世界杯的亚洲区预选赛，前三名出线。

4. 参加第九届亚洲女子足球锦标赛

本届比赛于1993年12月3日—12日在马来西亚古晋举行，当时中国队教练员是马元安、李必、林思跃，参赛队员为钟红莲、周阳、周华、赵利红、韦海英、施桂红、陈霞、刘爱玲、王红、温莉蓉、孙雯、谢慧琳、顾萍娟、孙庆梅、王丽萍、牛丽杰、高红。在小组赛中，中国队以1∶1战平朝鲜，以6∶0、7∶0战胜韩国和马来西亚。在半决赛中，以3∶1战胜日本。在决赛中，以3∶0战胜朝鲜获得冠军。

5. 参加第十届亚洲女子足球锦标赛

本届比赛于1995年9月24日—10月2日在马来西亚沙巴举行，当时中国队教练员是马元安、李必、李锡财、刘丹，参赛队员为刘爱玲、温莉蓉、高红、樊蓉玲、孙庆梅、王丽萍、周阳、周华、李亚婷、谢慧琳、孙雯、赵燕、韦海英、施桂红、赵利红、范运杰、陈玉凤、水庆霞。在小组赛中，中国队分别以21∶0、12∶0、7∶0战胜菲律宾、中国香港和哈萨克斯坦。在半决赛中，以4∶0战胜韩国。在决赛中，以2∶0战胜日本获得冠军。

6. 参加第十一届亚洲女子足球锦标赛

本届比赛于1997年12月5日—14日在中国广东举行，当时中国队教练员是马元安、李必、严仲坚，参赛队员为刘爱玲、施桂红、温莉蓉、水庆霞、孙雯、谢慧琳、赵利红、韦海英、高红、孙庆梅、王丽萍、刘英、于红旗、范运杰、邱海燕、王静霞、金嫣、韩文霞、白洁。在小组赛中，中国队分别以3∶1、8∶0、16∶0战胜朝鲜、乌兹别克斯坦和菲律宾。在半决赛中，以10∶0战胜中国台北。在决赛中，以2∶0战胜朝鲜获得冠军。

7. 参加第十二届亚洲女子足球锦标赛

本届比赛于1999年11月7日—21日在菲律宾巴科诺德举行，当时中国队教练员是马元安、李必、严仲坚，参赛队员为高红、韩文霞、温莉蓉、王丽平、范运杰、白洁、谢慧琳、王静霞、樊春玲、刘爱玲、刘英、赵利红、浦玮、邹海燕、孙雯、金嫣、张鸥影、王健。在小组赛中，中国队分别以5∶2、15∶0、9∶0、12∶0战胜韩国、关岛、哈萨克斯坦和中国香港。在半决赛中，以3∶0战胜朝鲜。在决赛中，以3∶0战胜中国台北获得冠军。

8. 参加第十三届亚洲女子足球锦标赛

本届比赛于2001年12月4日—16日在中国台北举行，当时中国队教练员是马元安、李必、严仲坚，参赛队员为孙雯、莫晨月、白莉莉、浦玮、潘丽娜、赵燕、刘爱玲、温莉蓉、李洁、刘英、赵利红、周小霞、肖珍、韩文霞、韩端、王丽平、张鸥影、白洁、曲飞飞、范运杰。在小组赛中，中国队分别以10：0、11：0、10：0战胜中国香港、乌兹别克斯坦和菲律宾。在半决赛中，以1：3负于朝鲜，这是中国队参赛以来首次没有进入决赛。在第三、第四名争夺中，中国队以8：0战胜韩国队获得第三名。

9. 参加第十四届亚洲女子足球锦标赛

本届比赛于2003年6月8日—21日在泰国曼谷举行，当时中国队主教练是马元安，参赛队员为门将赵燕、肖珍，后卫范运杰、王丽萍、高宏霞、李洁、刘亚莉、周小霞、孙睿，前卫浦玮、任丽萍、刘英、赵利红、潘丽娜、曲飞飞、孟隽，前锋孙雯、白洁、韩端、滕巍。在小组赛中，中国队分别以6：0、12：0、11：0战胜越南、印度和乌兹别克斯坦。在半决赛中，以3：1战胜韩国。在决赛中，以1：2负于朝鲜获得亚军。

10. 参加第十五届亚洲女子足球锦标赛

本届预选赛于2005年6月12日在越南河内国家体育场美亭体育场揭幕。参加本届预选赛的共有12支女足队伍，分成4个小组进行单循环比赛，获小组前两名的球队进入八强，然后再进行淘汰赛决出四强。获本届预选赛前四名的球队将与中国、日本、韩国和朝鲜队一起参加决赛阶段的比赛。

第十五届亚洲女子足球锦标赛预选赛6月20日胜利闭幕，中国台北队、越南队、缅甸队和泰国队最终赢得决赛阶段的入场券。在四分之一比赛中，中国台北队以3：0战胜新加坡，越南队以4：1战胜中国香港队，泰国队以3：2战胜印度队，缅甸队以2：1战胜乌兹别克斯坦队，获得参加决赛阶段比赛的资格。

由于亚洲女足各队强弱泾渭分明，亚足联决定，将不再刻意为女足世界杯、奥运女足比赛独立安排预选赛，2006年、2008年的两届女足亚洲杯将被定为2007年女足世界杯以及2008年奥运女足比赛的预选赛，而亚洲杯预选赛赛制也由过去“所有队伍混编进行淘汰赛决出8支决赛阶段队伍”改为“中国队、朝鲜队、韩国队、日本队直接出线，由其他各队再产生4支参赛队”。

参考文献

1. 杨一民. 足球. 北京: 北京体育大学出版社,1998

2. 李晓光,李冬生. 国际足球教练员培训教程. 北京: 人民体育出版社,2005

3. 杨一民. 中国体育教练员岗位培训教材·足球. 北京: 人民体育出版社,1997

4. 俞继英. 奥林匹克足球. 北京: 人民体育出版社,2001

5. 刘浩等. 足球裁判法图解. 北京: 北京体育大学出版社,2002

6. 解维俊. 足球起源地探索. 北京: 中华书局,2004

7. 刘秉果. 蹴鞠——世界最古老的足球. 北京: 中华书局,2004